suhrkamp taschenbuch
wissenschaft 368

Tagtäglich ergehen im Namen des Volkes unzählige juristische Entscheidungen, die das Leben der Gesellschaft genauso beeinflussen und steuern wie die Tätigkeit von Parlament und Regierung. Einsichtig sind sie selten. Eine Kritik von außen ist kaum möglich. An diesem Problem setzen Uwe Wesels Beiträge ein.

Im Gegensatz zu früheren Vorschlägen für eine Justizreform, die die Demokratisierung ihrer äußeren Organisation zum Ziele hatten, soll Öffentlichkeit im Recht selbst hergestellt werden, durch Ausleuchten seiner inneren Strukturen. Es wird dargestellt als Interpretationsherrschaft, im Prozeß der Verwandlung von Meinung zu Recht als herrschender Meinung, die in ihrer Dogmatik und Methode durchaus nicht so zweifelsfrei ist, wie oft sogar Juristen meinen im Glauben an die Unabhängigkeit eines Richters, der nur dem Gesetz unterworfen sei. Diese vermeintliche Gesetzesbindung wird als einer der wichtigsten Gründe für das bisher problematische Verhältnis von Recht und Öffentlichkeit beschrieben; die Frage nach dem Verhältnis von Recht und Macht wird neu gestellt und schließlich mit dem Versuch beantwortet, Möglichkeiten für eine emanzipatorische Tätigkeit des Juristen aufzuzeigen.

Uwe Wesel ist Professor für Rechtsgeschichte und Zivilrecht an der Freien Universität Berlin. Seine früheren Veröffentlichungen befassen sich vorwiegend mit der Geschichte des Römischen Rechts. Seit einiger Zeit beschäftigt er sich mit Fragen der Entstehung von Recht in frühen Gesellschaften. Eine erste Skizze dazu erschien in: *Kritische Justiz*, 1979, Seite 233–255. In diesen Kontext gehört auch: Uwe Wesel, *Der Mythos vom Matriarchat. Über Bachofens Mutterrecht und die Stellung von Frauen in frühen Gesellschaften vor der Entstehung staatlicher Herrschaft* (stw 333).

Uwe Wesel

Aufklärungen über Recht

Zehn Beiträge zur Entmythologisierung

Suhrkamp

suhrkamp taschenbuch wissenschaft 368
Erste Auflage 1981

Satz: Thiele & Schwarz, Kassel
Druck: Georg Wagner, Nördlingen
Printed in Germany
Umschlag nach Entwürfen von
Willy Fleckhaus und Rolf Staudt

CIP-Kurztitelaufnahme der Deutschen Bibliothek
Wesel, Uwe:
Aufklärungen über Recht:
10 Beitr. zur Entmythologisierung/Uwe Wesel.
1. Aufl. – Frankfurt am Main: Suhrkamp, 1981.
(Suhrkamp-Taschenbuch Wissenschaft; 368)
ISBN 3-518-07968-9
NE: GT

Inhalt

Diese Versuche sind Rudolf Wiethölter gewidmet,
der mit politischem Mut und intellektueller Kraft
uns allen den Weg zu einer kritischen
Rechtswissenschaft gewiesen hat.

I. Aufklärungen über Recht?

Ius est ars boni et aequi, ein schöner Satz, um die Mitte des zweiten Jahrhunderts nach Christus geschrieben von Publius Juventius Celsus. Er war beteiligt an einer Verschwörung gegen Kaiser Domitian, 106 oder 107 nach Chr., Prätor, später Konsul, zum zweiten Mal im Jahre 129. Statthalter von Thrazien ist er gewesen und von Kleinasien und im Staatsrat des Kaisers Hadrian. Das übliche Leben eines erfolgreichen Juristen der frühen Kaiserzeit. Sein berühmter Satz auf deutsch: Das Recht ist die Kunst des Guten und, ja wie soll man aequum übersetzen? Gleich, gerecht, billig? Billig im Sinn von billigen, für richtig halten, richtig. Also: Das Recht ist die Kunst des Guten und Richtigen. In deutschen Hörsälen oft gehört, vor dem Krieg, nach dem Krieg, in unseren Tagen. Celsus' Worte schmücken den Anfang der Digesten, der Sammlung des römischen Rechts von Justinian, vierhundert Jahre später, und heute die Giebel von Oberlandesgerichten. Als Motto für Juristenschriften sind sie in Gebrauch und in Festansprachen kommen sie öfter vor. Schön ist es sie zu lesen, am Anfang der Digesten, man sollte es sich ruhig ansehen, woran Juristen sich seit fast zweitausend Jahren immer wieder erfreut haben und was sie so empfinden, auch wenn sie – leider? – nicht mehr alle der lateinischen Sprache mächtig sind:

Ulpian D. 1.1.1 (so zitieren wir das; es ist ein Text von Ulpian, der fast hundert Jahre später lebte als Celsus): Juri operam daturum prius nosse oportet, unde nomen iuris descendat. est autem a iustitia appellatum: nam, ut eleganter Celsus definit, ius est ars boni et aequi. Cuius merito quis nos sacerdotes appellet: iustitiam namque colimus et boni et aequi notitiam profitemur, aequum ab iniquo separantes, licitum ab allicito discernentes, bonos non solum metu poenarum, verum etiam praemiorum quoque exhortatione efficere cupientes, veram nisi fallor philosophiam, non simulatam affectantes.

Auf deutsch: Wer mit dem Studium des Rechts beginnen will, muß vorher wissen, woher das Wort stammt (warum eigentlich?). Es ist nämlich von der Gerechtigkeit abgeleitet (nicht umgekehrt?). Denn (?), wie Celsus virtuos formuliert hat, das Recht ist die Kunst des Guten und Richtigen. Man könnte uns zu Recht seine Priester nennen, denn wir hegen die Gerechtigkeit und verkünden, was gut und richtig ist, indem wir das Gerechte vom Ungerechten scheiden und das Erlaubte vom Verbotenen, uns bemühen, die Menschen nicht nur durch Drohung mit Strafen, sondern auch durch Ermunterung mit Belohnungen zum Guten zu bringen, und uns um die wahre Philosophie bemühen, wenn ich es richtig sehe, und nicht um eine geheuchelte.

Das ist der Mythos vom objektiven Recht. Eine Kunst ist es oder ein Kult, dem die Juristen als seine Priester leben, im Gottesdienst einer wahren Philosophie und in einiger Entfernung vom übrigen Teil der Menschheit. Sicher, man begegnet ihnen nicht immer mit der nötigen Verehrung, und oft ist sogar von »Rechtsverdrehern« die Rede. Aber auch das kennen wir von der Religion. Les Dieux sont bons, les prêtres sont cruels, schrieb Voltaire, die Götter sind gut, die Priester grausam. Das Recht ist gut und in den »Rechtsverdrehern« als objektives mitgedacht, denn nur Geradliniges ist in Gefahr, verbogen zu werden. Wer aufrecht ist und anständig, der wird es finden.

Daß es sehr viel komplizierter ist, mit Charakterstärke und Intelligenz allein nicht getan, das objektive Recht oft ein Phantom, und Justiz trotz der Binde vor den Augen durchaus noch weiß, wo rechts und links ist, und meistens nur in eine Richtung schlägt, nun ja, man hat gewisse Ahnungen und Vorurteile. Argumentieren ist da schwer, von draußen hineinzusehen durch die enge Tür des Tempels, in dem es ziemlich dunkel ist und geschäftig und viel vom Weihrauch verschleiert. Bibliotheken sind geschrieben worden zur Kritik der bürgerlichen Gesellschaft. Mehrwert, Warenfetischismus, ideologische Strukturen und die Rolle des Staats, das war alles geklärt. Im Recht ist es immer spärlich gewesen. Auch Marx und Engels haben sich dafür nur am Rande interessiert. Es war eben ein Überbauphänomen, das verschwinden würde, wenn man seine Bedingungen beseitigt. Rechtskritik hat bis heute nur sporadisch stattgefunden.

Als Julius von Kirchmann, Erster Staatsanwalt beim Kammergericht Berlin, 1848 über »Die Wertlosigkeit der Jurisprudenz als Wissenschaft« schrieb: »Drei berichtigende Worte des Gesetzgebers und ganze rechtswissenschaftliche Bibliotheken werden zu Maculatur«, war das nicht gegen das bürgerliche Recht gerichtet, sondern nur gegen die Methode Savignys und seiner historischen Schule. Kritik an unsozialen Auswüchsen im Recht gab es am Ende des Jahrhunderts von den Kathedersozialisten und von sozialdemokratischer Seite, die bei den Beratungen zum Bürgerlichen Gesetzbuch versuchte zu retten, was nicht zu retten war. In der Weimarer Zeit wurde es wieder unruhig. Karl Liebknechts böses Wort von der »Klassenjustiz« stand im Raume, Ernst Fraenkel schrieb darüber, Kurt Tucholsky seine Justizkritiken, Hugo Sinzheimer und seine Schüler kämpften für ein soziales Arbeitsrecht und fanden sich 1933 im Exil. Als sie nach dem Krieg zurückkamen, blieben ihnen die konservativen juristischen Fakultäten verschlossen. Wenn sie Glück hatten, fanden sie an den Universitäten eine Heimat auf Lehrstühlen einer deshalb neu begründeten Wissenschaft, im Grenzbereich zwischen Recht und Politik. Es war eine neue Wissenschaft, die die Emigranten aus den Vereinigten Staaten mit nach Deutschland brachten. Die Politologie, sie mußte in die philosophischen Fakultäten einziehen. Das objektive Recht und die Politik blieben getrennt, eine kritische Vereinigung fand nicht statt. Erst die Studentenrevolte brachte beide wieder zusammen, die Justizkampagne des SDS und die Arbeiten der Justizreformer um Wassermann und Rasehorn. Das wird im einzelnen noch zu beschreiben sein. Vieles von dem, was damals Programm war, wurde nicht erreicht. Hier gilt es weiterzumachen, die zarte Pflanze der Kritik im Recht vorsichtig zu pflegen.

Frühere Versuche zielten meistens nur auf den unsozialen Charakter dessen, was an Ergebnissen aus dem Tempel herauskam. Nur selten wagte man sich an die Grundstruktur. Zu fest gefügt schien das Geflecht aus uralten Regeln und Techniken. Eugen Paschukanis hat in der Weimarer Zeit die Prinzipien des Marx'schen Kapitals übersetzt in die Strukturen des bürgerlichen Rechts, auch heute noch ein Klassiker (Allgemeine Rechtslehre und Marxismus. Versuch einer Kritik der juristischen Grundbegriffe. 1929, Neudruck 1966). Damit war das erste getan, aber mit vielen Problemen, wie die vielen marxistischen Rechtstheorien zeigen, die seitdem geschrieben wurden. 1968 hat Rudolf Wiethölter den kühnen Plan einer kritischen Theorie des Rechts entworfen, der noch stärker in das Innere des Regelwerkes der juristischen Dogmatik zielte. Aber es blieb beim imposanten Torso eines erfolgreichen Taschenbuches. Über zehn Jahre sind seitdem vergangen, in denen andere Versuche nicht sehr viel weiter führten. Es ist eben leichter, technisch perfekt sich auf ausgefahrenen Geleisen zu bewegen, als neue Wege zu finden.

Recht ist Gleichheit. Das wissen wir seit Aristoteles. Im fünften Buch seiner Nikomachischen Ethik hat er auch gleich das Rezept mitgeliefert, wie man argumentativ um manche Peinlichkeiten herumkommen kann, die darin liegen, daß trotz der Gleichheit des Rechts auch schon zu seiner Zeit die tatsächliche Ungleichheit der Menschen nicht zu übersehen war. Er unterschied einfach zwei Arten von Gerechtigkeit. Die eine ist die austeilende, die andere die ausgleichende. Im Mittelalter nannte man das iustitia distributiva und iustitia commutativa (die Römer haben sich dafür nicht besonders interessiert, sie waren Praktiker). Die austeilende ist die Gerechtigkeit der proportionalen Gleichheit. Die ausgleichende Gerechtigkeit bedeutet numerische Gleichheit. In Gerechtigkeit und Gleichheit war damit die Ungleichheit der antiken Klassengesellschaft sanktioniert, denn die höhere Form der Gerechtigkeit war selbstverständlich die austeilende, nach der die Güter verteilt und die Ämter besetzt wurden, und dabei erhielt eben nicht jeder dasselbe, sondern nur das distributiv Gleiche, nämlich das, was ihm proportional zustand, im wesentlichen nach »Verdienst«. Areté, sagte Aristoteles. All animals are equal, sagte George Orwell. Thomas von Aquin hat damit die Pyramide des mittelalterlichen Ständestaates legitimiert, und seitdem ist die Unterscheidung bis heute Gemeingut der europäischen Rechtstheorie geblieben, gern wiederholt, weil ehrwürdig und bewährt (z. B. Helmut Coing, Grundzüge der Rechtsphilosophie, 3. Auflage, 1977, S. 207–215). Meistens auch lateinisch zitiert. Allerdings ist das ganze nun doch leicht zu durchschauen, und deshalb sind andere vorsichtiger (z. B. Klaus Adomeit, Rechtstheorie für Studenten, 1979, S. 178–183). Man zieht sich zurück auf das Rechtsstaatsprinzip, die Menschenrechte oder einfach auf das formale Regelwerk oder, wenn man ganz zynisch ist, auf die »Legitimation durch Verfahren« (Luhmann). Rechtsstaatsprinzip und Grundrechte sind ohne Zweifel große Fortschritte auf dem mühsamen Weg zur sozialen Gerechtigkeit, auch wenn sie allein nicht immer weiterhelfen. Der Rechtsstaat, der oft herangezogen wird, wenn es gilt, sich gegen Kritik zu verteidigen, wird leicht zur leeren Form, die vieles aufnehmen kann. In einem Leitartikel der Frankfurter Allgemeinen Zeitung zur Lage in Südafrika konnte in den siebziger Jahren die Rassentrennungspolitik damit entschuldigt werden, daß ja alles streng rechtsstaatlich vor sich gehe. Und so ist es mit unseren Berufsverboten. Der eigentliche Teufel steckt im Detail der formalen Argumentation. Dort ist noch vieles auszuleuchten. Nicht jeder kann es sich so einfach machen wie Paul Schnitker, Präsident des Zentralverbandes des Deutschen Handwerks, der 1976 im deutschen Fernsehen vor Millionen Zuschauern völlig unaristotelisch erklären konnte: »Auch wir sind für Fortschritt, aber in Gerechtigkeit und nicht in Gleichheit.« Aufklärungen sind notwendig.

II. hM

»Auctoritas, non veritas facit legem«
(Die Autorität, nicht die Wahrheit bestimmt, was Gesetz wird),
Thomas Hobbes, *Leviathan*

Wenn eine Firma für ein bekanntes sexuelles Stärkungsmittel (»Okasa«) auf großen Plakaten Reklame macht mit dem Foto eines Mannes in den besten Jahren, der auf einem Pferd über eine Hürde springt, und wenn dieser Mann, Mitinhaber einer Kölner Brauerei, der Pferde liebt und gelegentlich auch Reitturniere, davon vorher nichts wußte, sondern erst von Freunden darauf angesprochen wird, wie trefflich er für dieses Mittel zu reiten weiß, ebenfalls in Köln, mit einem schönen und deutlichen Bild, das irgend jemand von ihm bei irgendeinem Turnier gemacht hat, was kann er dann dagegen tun? Nehmen wir an, er ist ein Mann mit einer guten Bibliothek, dann wird er zuerst das Bürgerliche Gesetzbuch aufschlagen und im Kapitel der »unerlaubten Handlungen« lesen. Er wird nichts finden. Ein anderer würde vielleicht zu dem Ergebnis kommen, daß man nichts machen kann. Aber dieser Brauereidirektor ist ein energischer Mann, das Gelächter um ihn herum vielleicht auch zu groß. Er geht zu einem Rechtsanwalt, der ihm sagt, er könne gegen die Firma auf Unterlassung klagen. Wieso, fragt der Mann, im Bürgerlichen Gesetzbuch habe er davon nichts gefunden. Der Anwalt erklärt, das ergebe sich aus § 823. Dort sei zwar nur die Rede von Schadensersatz, den man verlangen kann, wenn man in seinen Rechten verletzt wird. Und Schadensersatz könne er im Grunde verlangen, aber er habe ja keinen materiellen Schaden. Nach herrschender Meinung könne man allerdings auch auf Unterlassung klagen, wenn man an sich das Recht auf Schadensersatz habe und weitere Verletzungen zu befürchten seien. Nach herrschender Meinung. Im Gesetz steht »Schadensersatz«. Die herrschende Meinung macht daraus eine Unterlassungsklage. Das leuchtet dem Mann ein. Er gibt dem Anwalt den Auftrag, gegen die Firma vorzugehen, freundet sich auch langsam mit dem bürgerlichen Recht an und fragt noch, ob es dann auch eine herrschende Meinung gebe, die ihm zu einem Schmerzensgeld verhelfen könnte, ohne daß es im Gesetz stehe. Der Anwalt antwortet ihm, das gebe es nicht, im Gesetz stehe ausdrücklich das Gegenteil, in § 253, wonach Schmerzensgeld nur in den vom Gesetz genannten Fällen verlangt werden könne, und das sei hier der § 847. Danach gebe es Schmerzensgeld nur bei Körperverletzungen und Freiheitsberaubungen. Der Brauereidirektor ist der Meinung, die Werbung für dieses Produkt mit seinem Bild sei ein viel stärkerer Eingriff in seine Freiheit, als wenn man ihn für einige Zeit eingesperrt hätte. Er ist ein kluger Mann und sagt sich, wenn die herrschende Meinung in der Lage ist, aus einem Anspruch auf Schadensersatz eine Unterlassungsklage zu machen, dann müsse sie aus Schmerzensgeld für die Beraubung von Freiheit auch Schmerzensgeld für andere Verletzungen seiner Freiheit machen können. Er hat den Prozeß tatsächlich gewonnen, der Bundesgerichtshof die Firma zur Zahlung eines Schmerzensgeldes von zehntausend Mark verurteilt. Das war 1958. Jeder Jurastudent in höherem Semester kennt heute diese Entscheidung, die berühmt geworden ist als »Herrenreiterfall«, weiß, daß sie im 26. Band der Entscheidungen des Bundesgerichtshofs veröffentlicht und daß seitdem die herrschende Meinung der Auffassung ist, auch bei solchen Verletzungen des Persönlichkeitsrechts müsse ein Schmerzensgeld gezahlt werden.

Gesetze müssen immer ausgelegt, interpretiert werden, um im einzelnen Fall zu einer Entscheidung führen zu können. Sie sind die großen Straßen, die die Richtung bestimmen, von denen die juristischen Nebenwege abgeleitet werden, kleinere und größere, solche, die häufig, und manche, die nie wieder begangen werden müssen, Nebenwege, mit denen das juristische Umfeld eines Gesetzes erst richtig erschlossen wird. Das ist die juristische Interpretation, die Auslegung. Steht im Gesetz »Schadensersatz«, dann sagen die Juristen, das heißt auch »Unterlassungsklage«. Steht im Gesetz »Schmerzensgeld nur für Freiheitsberaubung«, dann sagen sie, daraus ergibt sich allgemein ein »Schmerzensgeld für Verletzungen des Persönlichkeitsrechts«. Die Auslegung weitet aber nicht nur aus, sie schränkt auch ein, wendet gesetzliche Vorschriften in manchen Fällen nicht an, obwohl der Wortlaut die Anwendung anordnet. Man spricht von extensiver Auslegung und Analogie oder restriktiver Auslegung und Restriktion. Die Frage ist nur, wann wird extensiv oder restriktiv ausgelegt oder analog oder restriktiv entschieden; wann darf man die Nebenwege gehen oder sich sogar auf manchen Abschnitten der Straße gar nicht bewegen. Das alles steht nicht im Gesetz, es ist die Interpretation der herrschenden Meinung. Sie entscheidet letzlich, was Recht ist, wie im einzelnen Fall entschieden und wer von einem Zivil- oder Strafgericht verurteilt wird oder ob man vor einem Verwaltungsgericht Recht erhält. Aber was ist die herrschende Meinung? Wie entsteht sie? Ändert sie sich auch wieder?

Juristen machen sich darüber kaum Gedanken. Man weiß eben, was herrschende Meinung ist. In den üblichen Kommentaren, die man normalerweise benutzt, und in den Übungsarbeiten, die an den Universitäten geschrieben werden, gibt es dafür das Kürzel hM. Wenn hM dieser oder jener Ansicht ist, dann ist eigentlich kaum etwas zu machen. Es gibt sicher in jedem einzelnen Fall Gründe dafür und dagegen, aber gegen hM zu argumentieren, ist in der Regel müßig. Die Studenten der sechziger Jahre, die noch gegen den Stachel löckten, auch gegen den von hM, beschrieben das mit dem Kalauer, die herrschende Meinung sei die Meinung der Herrschenden.

Inzwischen ist es wieder ruhig geworden um hM. Man richtet sich nach ihr und denkt nicht weiter darüber nach. Auch in den wenigen Werken zur juristischen Theorie, die in der Jurisprudenz kaum eine Rolle spielen, denn Recht war schon immer konservativ und theoriefeindlich, erscheint sie nicht. Nur in einem Bereich, der sich besonders problematisch entwickelt hat, im Arbeitsrecht, wurde hier und da die Frage ihrer Existenzberechtigung gestellt, aber eher beiläufig, in einem aufflackernden Protest. In zwei oder drei kleineren Arbeiten ist hier die Entstehung und die Problematik von herrschender Meinung sehr anschaulich dargestellt worden. Aber sie lagen außerhalb des offiziellen Programms und sind kaum zur Kenntnis genommen worden. Die Hunde bellen. Die Karawane der hM zieht langsam weiter.

Diese Karawane besteht aus einem Troß vielfältiger juristischer Literatur und einem Heer von gerichtlichen Entscheidungen, das mehr oder weniger übersichtlich ebenfalls in einer Vielzahl von Publikationen veröffentlicht wird. Entsteht ein neues juristisches Problem, und das geschieht immer, dann werden regelmäßig zunächst einige Aufsätze dazu veröffentlicht, in juristischen Zeitschriften, in Sammelbänden, in Festschriften. Die ersten gerichtlichen Entscheidungen ergehen. Es sind Entscheidungen von unteren oder mittleren Gerichten, die dann ebenfalls veröffentlicht werden. Der eine oder andere schreibt vielleicht eine spezielle Monographie zu diesem Problem, und das ganze wird registriert in den Kommentaren zu den einzelnen Gesetzen, die regelmäßig in neuen Auflagen erscheinen und auch ihre Meinung dazu geben. Ist es ein Problem von allgemeiner Bedeutung, dann gehen auch bald die juristischen Lehrbücher darauf ein, von denen diejenigen, die am meisten gelesen werden, ebenfalls regelmäßig in neuen Auflagen erscheinen. Ist das Problem dann in dieser Weise einige Zeit diskutiert worden, wobei die Meinungen geteilt waren, dann ergeht die Entscheidung eines obersten Gerichts, des Bundesgerichtshofes, des Bundesarbeitsgerichts, des Bundesverwaltungsgerichts oder des Bundesverfassungsgerichts. Mit ihr ist dann die Frage grundsätzlich entschieden. Es bleibt vielleicht noch einiger Widerstand in der Literatur, das eine oder andere Lehrbuch oder ein Kommentar vertritt noch eine andere Ansicht, aber die meisten anderen sind schon auf die Linie dieses obersten Gerichts umgeschwenkt: hM ist entstanden. Manchmal, nach einiger Zeit, und wenn überhaupt, dann erst nach vielen Jahren, schwenkt sie wieder um, setzt sich der Widerstand eines Kommentators oder eines Lehrbuchs doch durch, nachdem er sich langsam verbreitert und vielleicht auch Gefolgschaft bei einigen Untergerichten gefunden hat. Dann ändert auch manchmal eines der obersten Gerichte seine Auffassung: hM verändert sich. Ab und zu, auch das gibt es, bleiben Literatur und Rechtsprechung geteilt, vertritt die überwiegende Meinung in den Kommentaren und Lehrbüchern die eine und die Rechtsprechung eine andere Meinung. Regelmäßig aber besteht hM aus einer Übereinstimmung der wichtigsten Stimmen der Literatur mit der Auffassung der höchsten Gerichte.

Auf den ersten Blick hat man den Eindruck der Bildung einer demokratischen Mehrheit. Und tatsächlich hat es auch einen gewissen Einfluß auf die Bildung von hM, wieviele Stimmen sich in der Literatur und wieviele untere oder mittlere Gerichte sich zu Beginn der Diskussion in die eine oder andere Richtung äußern. Es kommt auch darauf an, wie sie argumentieren. Aber es gibt noch ganz andere Momente, die die Entwicklung beeinflussen. Es kommt darauf an, wer sich äußert. Und es kommt darauf an, wo er sich äußert, oder besser, wo sich wer äußern darf. Nicht jeder wird in jeder juristischen Zeitschrift angenommen. Es gibt

Zeitschriften am Rande, besonders natürlich am linken, die für hM am leichtesten wiegen, die *Kritische Justiz* etwa, oder *Demokratie und Recht.* Ein Aufsatz in der *Juristenzeitung* dagegen, oder in der *NJW*, der *Neuen Juristischen Wochenschrift*, hat ein höheres Gewicht. Er zählt jedenfalls mit, aber auch wieder unterschiedlich. Es gibt, wie überall, große Namen und kleine Namen, solche, die zitiert werden, und solche, die man schon mal übergehen kann. Auch hier gilt Thomas Hobbes: *auctoritas non veritas facit legem.*

In allen Wissenschaften gibt es herrschende Auffassungen. Im Recht ist es allerdings besonders. Die herrschende Meinung hat praktisch Rechtssetzungsbefugnisse, ist im Grunde nichts anderes als ein selbsternannter Gesetzgeber, der doch eigentlich in einem demokratisch gewählten Parlament zu suchen sein sollte, wenn man einen kurzen Blick auf die Verfassung werfen will. Sieht man etwas genauer hin, ist hM allerdings auch in der Verfassung vorgesehen. Sie spricht nicht nur vom »Gesetz«. Sie spricht auch vom »Recht«. In Art. 20 des Grundgesetzes heißt es nämlich: »Die Gesetzgebung ist an die verfassungsmäßige Ordnung, die vollziehende Gewalt und die Rechtsprechung sind an Gesetz und Recht gebunden.« Es geht auch gar nicht anders. Trotzdem, man sieht es, hM ist im Recht schon etwas Besonderes.

Es gibt noch eine Besonderheit im Recht. In seiner Geschichte hat es sogar kaiserliche Gesetze gegeben, in denen bestimmt wurde, auf wen sich Gerichte bei ihren Entscheidungen stützen, wen sie zitieren dürfen und wen nicht. In der großen Zeit des römischen Rechts, im letzten Jahrhundert der Republik und in den beiden ersten der Kaiserzeit, also von etwa 100 v. Chr. bis 200 n. Chr., gab es eine große Zahl von Autoritäten mit berühmten Namen, die man später nicht mehr überblicken konnte. Im 4. und 5. Jahrhundert war es dann auch nicht nur schwierig geworden, die Literatur zu überblicken, sondern wohl auch, sie überhaupt herbeizuschaffen. Deshalb wurden sogenannte Zitiergesetze erlassen, deren berühmtestes, von Theodosius und Valentinian im Jahre 429 erlassen, fünf klassische Juristen nannte, die man zitieren durfte: Papinian, Paulus, Ulpian, Modestin und Gaius. Sie konnten einer Gerichtsentscheidung zugrunde gelegt werden. Außerdem noch solche Juristen, die von ihnen in ihren Schriften zu den betreffenden Problemen zitiert wurden. Für das Urteil wurde dann ausgezählt, welche Meinung eine Mehrheit hatte. Bei Stimmengleichheit gab Papinian den Ausschlag. Ähnliche Gesetze hat es im 15. und 16. Jahrhundert in Spanien und Portugal und noch im 19. Jahrhundert in Südafrika gegeben.

Unsere hM dagegen, als Summe aller Meinungen, wenn auch mit unterschiedlichem Gewicht der einzelnen Stimmen, ist als communis opinio zunächst im 13. und 14. Jahrhundert im Kirchenrecht entstanden und dann im 15. und 16. Jahrhundert im europäischen Zivilrecht, das sich aus der Wiederbelebung des alten römischen Rechts entwickelt hatte. Auch hier hatte sich seit dem 11. Jahrhundert mit der Tätigkeit der Glossatoren und der Postglossatoren eine ständig wachsende Literatur entwickelt, die nicht leicht zu überblicken war und für die man einen vereinheitlichenden Begriff brauchte. Das war die communis opinio, die allgemeine Meinung. Es galt seit dem 16. Jahrhundert der Satz: *a communi opinione in iudicando et consulendo non est recedendum,* in Urteilen und Gutachten darf man von der allgemeinen Meinung nicht abweichen. Sie war schon sehr viel demokratischer als die Methode der Zitiergesetze, weil alle mitzählten. Allerdings gab es zwei Juristen, die aus der großen Zahl der anderen als unangefochtene Autoritäten über Jahrhunderte hinausragten: Bartolus und Baldus, die im 14. Jahrhundert in Oberitalien gelebt hatten. Die Autoritäten sind dann bis heute immer etwas kleiner geworden, aus der »communis opinio« wurde in Deutschland im 19. Jahrhundert die »herrschende Meinung«. Aber auch im 19. Jahrhundert gab es in Deutschland große Namen. Es war die klassische Zeit der Formierung eines bürgerlichen Rechts, das nicht wie in Frankreich mit einer Kodifikation durchgesetzt werden konnte, sondern, weil die Bürger noch nicht genügend politische Macht hatten, mit den Mitteln der Wissenschaft durchgesetzt werden mußte, einer angeblich wertfreien und objektiven Wissenschaft, die in der Tat eine brillante technische Leistung der deutschen Juristen gewesen ist. Das war die Zeit des sogenannten Pandektenrechts, in dem die Lehrbücher von Arndts, Puchta oder Windscheid praktisch Gesetzeskraft hatten. Mit dem Inkrafttreten des Bürgerlichen Gesetzbuches ist diese Entwicklung seit 1900 abgeschlossen und die Autorität der Juristen wieder hinter die des Gesetzes getreten, die herrschende Meinung zunehmend anonymer geworden, glatter, amorpher. Unter der stromlinienförmigen Oberfläche gibt es allerdings auch heute noch stark autoritäre Strukturen. Sie sind am stärksten dort, wo es ausreichende gesetzliche Regelungen nicht gibt. Ein Musterbeispiel ist das Arbeitsrecht.

Das Arbeitsrecht in der Form, wie es sich bis heute im Grunde erhalten hat, ist das Ergebnis der mißlungenen Revolution von 1918. Das war der Erfolg der Arbeiter: nicht eine Revolution, aber ein Arbeitsrecht, das ihnen das Leben erträglich machte, mit dem Achtstundentag, der gesetzlichen Anerkennung des Tarifvertrages, mit der Einrichtung von Betriebsräten und anderen Verbesserungen im Recht des individuellen Arbeitsvertrages, wie den Anfängen eines Kündigungsschutzes oder der Einführung von Erholungsurlaub. In der Weimarer Republik wird das heutige Arbeitsrecht entwickelt als selbständige juristische Disziplin mit einer eigenen Gerichtsbarkeit, der dazugehörigen Literatur und entsprechendem Unterricht an den Universitäten. Im Faschismus wird der eine Teil der Errungenschaften wieder beseitigt, nämlich das sogenannte kollektive Arbeitsrecht, also das Streikrecht abgeschafft und Gewerkschaften und Betriebsräte aufgelöst. Auch die Arbeitsgerichte werden aufgehoben. Im individuellen Arbeitsrecht dagegen kommt es sogar zu einigen Verbesserungen. Der Mutterschutz zum Beispiel oder das Urlaubsrecht werden ausgebaut. Nach dem Krieg knüpft man im wesentlichen an die Weimarer Zeit an. Die Gewerkschaften werden wieder zugelassen, die Arbeitsgerichte wieder eingeführt. Während man im individuellen Arbeitsrecht zu weiteren Verbesserungen kommt, gibt es allerdings im kollektiven Arbeitsrecht starke Rückschritte gegenüber der Weimarer Zeit. Der politische Streik wird allgemein für rechtswidrig erklärt, die Gewerkschaft in das Korsett einer ausgedehnten Friedenspflicht gezwängt, der Streik in einzelnen Betrieben ohne Führung der Gewerkschaft als »wild« bezeichnet und verboten und die Aussperrung als angebliches paritätisches Gegenmittel in einer einseitig unternehmerfreundlichen Rechtsprechung anerkannt und ausgebaut. Diese Entwicklung im kollektiven Arbeitsrecht, zweifellos eine der Bedingungen für die günstige Entwicklung der Wirtschaft der Bundesrepublik, ist eines der unerfreulichsten Kapitel in der Rechtsgeschichte der Nachkriegszeit. Sie wird getragen von einer hM, in der die unternehmerfreundliche Rechtsprechung des Bundesarbeitsgerichts vorbereitet und unterstützt worden ist und immer noch gestützt wird durch eine Arbeitsrechtswissenschaft, die Roderich Wahsner eindrucksvoll beschrieben und als »Arbeitsrechtskartell« bezeichnet hat. Der gewerkschaftsfreundliche »linke« Flügel des Arbeitsrechts der Weimarer Zeit war 1933 emigriert und wurde nach 1945 von den juristischen Fakultäten nicht mehr aufgenommen. Geblieben war, auch während des Faschismus, der andere. Durch eine geschickte Personalpolitik verstand es eine kleine Gruppe konservativer Professoren, fast jeden Einfluß von draußen fernzuhalten. Sie besetzte die Lehrstühle und Institute, publizierte die einflußreichen Zeitschriften und Entscheidungssammlungen und stellte mit ihrem prominentesten Vertreter, Hans Karl Nipperdey, auch noch den ersten Präsidenten des Bundesarbeitsgerichts. Der erste große Erfolg dieses »Kartells« war die neue hM zum »politischen« Streik.

1952 kam es zu einer Auseinandersetzung zwischen den Gewerkschaften und der Bundesregierung um den Entwurf des Betriebsverfassungsgesetzes, in dem die Stellung der Betriebsräte gegenüber der alten Regelung der Weimarer Zeit stark verschlechtert werden sollte. Der DGB kündigte gewerkschaftliche Kampfmaßnahmen an, was der Bundeskanzler als verfassungswidrige Nötigung des Parlaments bezeichnete. Die Bundesvereinigung der Arbeitgeberverbände drohte, sie würde gegen die Gewerkschaften auf Schadensersatz klagen. Ende Mai streikten die Zeitungsdrucker trotzdem und verhinderten für zwei Tage das Erscheinen der Zeitungen. Der Streik hatte keinen Erfolg. Im Juli wurde das Gesetz vom Bundestag so beschlossen, wie es die Bundesregierung geplant hatte. Und die Unternehmer klagten gegen die Gewerkschaften. Vor den Landesarbeitsgerichten Düsseldorf, Frankfurt, Freiburg und München hatten sie Erfolg. Nur das Landesarbeitsgericht Berlin wies ihre Klage ab. Eine Revision war damals noch nicht möglich. Das Bundesarbeitsgericht in Kassel wurde erst 1954 eingerichtet.

In der Weimarer Republik wären diese Verurteilungen nicht möglich gewesen. Auch der »politische« Streik war erlaubt. Es galt die Auffassung des Reichsgerichts, das schon 1906 (im 64. Band seiner Entscheidungen) erklärt hatte, was im »Lohn- und Klassenkampf zwischen Arbeitgebern und Arbeitnehmern« üblich sei, könne nicht rechtswidrig sein, auch wenn es zu Verlusten der Unternehmer komme. Schadensersatzforderungen seien nur begründet, wenn der Streik mit dem Ziel der wirtschaftlichen

Vernichtung des Gegners oder völlig unverhältnismäßig geführt würde. Die Zeitungsverleger gaben nun nach dem Streik von 1952 drei Rechtsgutachten in Auftrag, um über diese allgemein akzeptierte Rechtsprechung, die alte hM, hinwegzukommen. Die Aufträge gingen an drei Autoritäten, an die beiden führenden Arbeitsrechtler der damaligen Zeit, Hueck und Nipperdey, und an einen der Großen im Staats- und Verwaltungsrecht, an Ernst Forsthoff. Auch die Gewerkschaften beauftragten Gutachter, nämlich Wolfgang Abendroth für die staatsrechtliche Frage der Verfassungswidrigkeit des politischen Streiks, und den Arbeitsrechtler Schnorr von Carolsfeld. Bevor die Gutachten vorlagen, waren die meisten Klagen vor den Arbeitsgerichten der ersten Instanz entschieden, etwa zwei Drittel zugunsten der Unternehmer, ein Drittel zugunsten der Gewerkschaften. Erst in der zweiten Instanz vor den schon genannten Landesarbeitsgerichten kamen die Gutachten zum Zuge. Forsthoff, der die Verfassungswidrigkeit des politischen Streiks vertrat, setzte sich nicht durch. Aber die Gerichte entschieden trotzdem gegen die Gewerkschaften, und zwar auf der Grundlage des Gutachtens von Nipperdey, das die endgültige Wende herbeiführte. Gegen seine eigene Auffassung, die er früher in der Weimarer Zeit vertreten hatte, begründete er nun die Rechtswidrigkeit des Streiks mit einem juristischen Kunstgriff. Alle Gerichte folgten ihm, nur das Berliner nicht.

Der Kunstgriff besteht aus der Kombination eines älteren, aus dem Zivilrecht stammenden Begriffs mit einem neueren, der aus dem Strafrecht kommt. Die beiden Zauberworte sind das »Recht am eingerichteten und ausgeübten Gewerbebetrieb« und die »soziale Adäquanz«. Das erste, auch kürzer »Unternehmensrecht« genannt, ist um die Jahrhundertwende erfunden worden, um bei geschäftlichen Schädigungen im Wettbewerb zwischen Unternehmern Schadensersatzforderungen zu begründen, also in einer Zeit, als es Spezialgesetze zum unlauteren Wettbewerb noch nicht gab und man auf die allgemeine Vorschrift des § 823 des Bürgerlichen Gesetzbuches zurückgreifen mußte, die in erster Linie auf Schadensersatz für Sachbeschädigungen zugeschnitten ist. Die wirtschaftliche Tätigkeit eines Wettbewerbers wurde damals unter dem Begriff des Unternehmens sozusagen verdinglicht, zu einer Sache und damit verletzungsfähig gemacht. Nipperdey geht nun in seinem Gutachten davon aus, daß jeder Streik eine Verletzung dieses Unternehmensrechtes sei, eine Verletzung, deren Annahme automatisch erst einmal zur Vermutung der Rechtswidrigkeit des Streiks führe und deshalb eine Schadensersatzforderung begründe. Um das wieder auszugleichen, nimmt er den Begriff der sozialen Adäquanz: Der Streik ist dann nicht rechtswidrig, wenn er sozialadäquat, mit anderen Worten: gesellschaftlich angemessen ist. Und gesellschaftlich angemessen ist ein Streik, wenn er von einer Gewerkschaft zum Zweck des Abschlusses eines neuen Tarifvertrages geführt wird. Der »politische« Streik ist aber gesellschaftlich nicht angemessen. Also ist er rechtswidrig. Also müssen die Gewerkschaften Schadensersatz zahlen.

Wenn vier Landesarbeitsgerichte eine Gewerkschaft auf der Grundlage des Gutachtens eines renommierten Wissenschaftlers im Gegensatz zur bisherigen Rechtsprechung des Reichsgerichts zum Schadensersatz verurteilen, ist noch keine hM entstanden. Es ist allerdings ein entscheidender Schritt getan. Es mußte noch einiges hinzukommen. Und das kam damals sehr schnell. Im nächsten Jahr nämlich, 1954, wurde der renommierte Wissenschaftler der erste Präsident des neu errichteten Bundesarbeitsgerichts in Kassel. Er nahm die Gelegenheit wahr, seinen Kunstgriff zum Streikrecht in die Rechtsprechung dieses höchsten Gerichtes einzuführen. Das geschah Anfang 1955, bei einer anderen Gelegenheit, war zwar nicht sehr seriös, aber außerordentlich wirksam. Denn nun wurde es auch in die Lehrbücher des Arbeitsrechts übernommen, von denen das am besten renommierte im übrigen sowieso von ihm selbst verfaßt war. Das Werk war vollendet, die neue hM zum politischen Streik entstanden. Die deutschen Gewerkschaften konnten sich von nun an auf den Abschluß von Tarifverträgen konzentrieren.

Der Vorgang ist oft beschrieben worden und manchen auch heute noch sehr peinlich, obwohl sie selbstverständlich in ihren Vorlesungen und Lehrbüchern die hM, der politische Streik sei rechtswidrig, unverändert weitergeben. Es wäre trotzdem noch eine Menge dazu zu sagen. Es wäre vielleicht noch zu bemerken, daß Hans Carl Nipperdey schon als renommierter Arbeitsrechtler in der faschistischen Akademie für Deutsches Recht unter Hans Franck mitgearbeitet hat am Entwurf des faschistischen Gesetzes zur Ordnung der nationalen Arbeit und dieses Gesetz, wieder gemeinsam mit Hueck, in einem in mehreren Auflagen erschienenen Kommentar im Sinne und in der Sprache der faschistischen Volksgemeinschaftsideologie beschrieben hat, und daß, letzlich, auch in dem Verbot des politischen Streiks ein gutes Maß von Volksgemeinschaftsideologie enthalten ist. Wichtiger scheint die Frage zu sein, wo denn nun eigentlich die Ursachen sind für diese Entwicklung der hM. War es der böse Nipperdey, der das alles verschuldet hat? Es ist das schon behauptet worden. Oder war es das »Arbeitsrechtskartell«? Man wird nicht vergessen dürfen, daß schon zwei Drittel der Arbeitsgerichte in der ersten Instanz gegen die Gewerkschaft entschieden hatten, bevor Nipperdey das Gutachten vorgelegt hat. Auch das Arbeitsrechtskartell war daran nicht beteiligt. Die wirklichen Ursachen liegen außerhalb der Jurisprudenz. Die Aufbaustimmung der frühen fünfziger Jahre ließ sich durch Streiks nicht gern stören. Es war noch viel zu tun. Die Wirtschaft mußte wieder aufgebaut werden. Das ist durchaus vergleichbar mit dem ersten Aufbau der deutschen Industrie, zu dessen Gunsten bis 1869 jeglicher Streik verboten war. Es kommt noch vieles hinzu, zum Beispiel das Fehlen einer kämpferischen Haltung bei den deutschen Gewerkschaften und dessen Ursachen. Es ist müßig, darüber nachzudenken, ob die hM ohne Nipperdey heute eine andere wäre. Sicher hat er die Entwicklung stark beschleunigt, besonders durch die Rechtsprechung des Bundesarbeitsgerichts. Eine grundsätzlich andere wäre sie auch ohne ihn heute kaum.

Es wäre auch noch zu bemerken, daß der Streik von 1952, der die hM zum politischen Streik zur Folge hatte, ja eigentlich gar kein politischer Streik gewesen, daß überhaupt der Begriff des politischen Streiks außerordentlich fragwürdig ist. Im Grundgesetz ist in Art. 9 Abs. 3 das Koalitionsrecht gewährleistet »zur Wahrung und Förderung der Arbeits- und Wirtschaftsbedingungen«. Was darunter zu verstehen ist, war schon bei der Beratung im parlamentarischen Rat umstritten. Der spätere Bundespräsident Heuss meinte, er halte das von der CDU gewünschte Verbot des politischen Streiks für verfassungsrechtlich unmöglich. Es seien eben politische Machtkämpfe. Man hat das ganze damals auf sich beruhen lassen. Es blieb ungeklärt. Was heißt »politisch«? Jede Regelung der Arbeits- und Wirtschaftsbedingungen ist letztlich eine politische Frage. Man denke nur an die Auseinandersetzungen über das Mitbestimmungsrecht in den beiden vergangenen Jahren. Es ging um eine arbeitsrechtliche Frage, der

Inhalt des Konflikts war arbeitsrechtlicher Natur. Die von Nipperdey vorbereitete Lösung der hM ist deshalb auch eine sehr formale. Sie stellt es einfach auf den Adressaten des Streiks ab. Der Streik einer Gewerkschaft ist nur dann sozialadäquat, wenn er sich mit dem Ziel der Regelung in einem Tarifvertrag gegen einen Unternehmensverband richtet. Das ist sein Streikbegriff und noch heute hM. 1952 sollte das Parlament beeinflußt werden. Das war »politisch« und deshalb rechtswidrig.

Wie meistens, wenn es eine hM gibt, gibt es auch eine Gegenmeinung. In der juristischen Terminologie wird sie gewöhnlich aM genannt, die andere Meinung. Im Fall des »politischen« Streiks ist sie besonders schwach. Einen gewerkschaftsfreundlichen Flügel der Arbeitsrechtswissenschaft gibt es eben kaum. Zwei Namen sind es im Grunde, die man für den ohnmächtigen Widerstand nennen könnte: Thilo Ramm, der jetzt in Gießen lehrt und während der fünfziger und sechziger Jahre fast der einzige war, und jetzt noch Wolfgang Däubler von der Universität Bremen, wo der Widerstand sich langsam zu einer anerkannten Schule entwickelt, an der auch historisch gute Arbeit geleistet wird. Im Falle des politischen Streiks ist aM auch deshalb besonders schwach, weil die Gewerkschaften sich mit hM abgefunden haben. Anders sieht es etwa in Italien aus, wo der Verfassungsgerichtshof 1974 Streiks, die sich gegen Regierung und Parlament richten, für rechtmäßig erklärt hat. Daß eine arbeitsrechtliche aM in ihrer Wirksamkeit abhängig ist vom Verhalten der Gewerkschaften, zeigt sich auch bei der Aussperrung. In den letzten Monaten hat hier eine nicht unbeachtliche Zahl von Arbeitsgerichten gegen die unternehmerfreundliche hM entschieden, weil die Gewerkschaften seit einigen Jahren politisch in die Offensive gegangen sind.

Wie man sieht, hM ist ein flexibles Instrument. Ihr Kern ist die Auffassung der obersten Gerichte und der renommierten Kommentare und Lehr- und Handbücher. Darum herum existiert ein Hof von weniger gewichtigen Meinungsträgern: Entscheidungen von unteren oder mittleren Gerichten, Aufsätze in Zeitschriften, einzelne Rechtsgutachten oder Monographien zu einem speziellen Problem. Selten ist die Rechtsprechung der obersten Gerichte so eindeutig vorherbestimmt wie im Fall der politischen Streiks. Meistens warten sie ein wenig ab, wie die Diskussion im Vorhof sich entwickelt, wie das eine oder andere Untergericht sich entscheidet, wie solche Entscheidungen in der juristischen Literatur und in der Öffentlichkeit beurteilt werden und wie die Meinung der Autoritäten sich entwickelt. Wenn sie sich dann für die eine oder andere Seite entschieden haben, dann ist in der Regel hM entstanden. Es bleibt zwar eine aM bestehen, aber meistens hat sie nur eine Alibifunktion. Möglicherweise verstärkt sie sich auch im Laufe der Zeit. Ändern sich die Verhältnisse, merkt man, daß man so nicht weiter kommt, dann ist aM möglicherweise sogar der Ansatz für eine Änderung von hM. Das kann sich auch wiederholen, so daß eine gewisse Schlangenbewegung entsteht. Ein Beispiel dafür sind die Berufsverbote.

Es gibt viele juristische Probleme in ihrem Umfeld. Eines ist die Frage, ob die Mitgliedschaft in einer nicht verbotenen Partei bei der Überprüfung der sogenannten Verfassungstreue mit berücksichtigt werden darf. Man geht davon aus, daß hier zwei Prinzipien miteinander in Konkurrenz stehen, die Treuepflicht und das Parteienprivileg. Die Treuepflicht ist das Herz der Berufsverbote, das Parteienprivileg der dagegen von außen gerichtete Stachel. Treuepflicht bedeutet Loyalität des Beamten zu den wichtigsten Grundsätzen im Kernbereich der Verfassung, der im Grundgesetz als »freiheitliche demokratische Grundordnung« bezeichnet wird. Dazu gehören im wesentlichen die Menschenrechte, der Grundsatz der Gewaltenteilung, besonders auch die Unabhängigkeit der Richter, das Mehrparteienprinzip und das Recht auf Bildung einer Opposition. Diese Loyalität ist nach dem Beamtengesetz einmal Voraussetzung für die Einstellung in den öffentlichen Dienst, zum anderen kann ihre Verletzung zur disziplinarrechtlichen Entlassung führen. Das Parteienprivileg hat mit dem öffentlichen Dienstrecht zunächst gar nichts zu tun. Es ist ein Begriff aus dem Parteienrecht. Parteien können nach Art. 21 des Grundgesetzes verboten werden, wenn sie verfassungswidrig sind. Verfassungswidrig sind sie, das wird in Art. 21 definiert, wenn sie nach ihren Zielen »darauf ausgehen, die freiheitliche demokratische Grundordnung zu beeinträchtigen oder zu beseitigen«. Dann heißt es in Art. 21 noch, daß über die Frage der Verfassungswidrigkeit das Bundesverfassungsgericht entscheidet, und das bedeutet nach hM: nur das Bundesverfassungsgericht, sonst niemand, keine Regierung, kein Parlament, kein anderes Gericht. Das ist das Parteienprivileg, also das

Vorrecht der Parteien, frei und ohne Behinderung durch irgendeine staatliche Instanz ihre Aufgaben zu erfüllen, nämlich, wie es ebenfalls in Art. 21 heißt, bei der politischen Willensbildung des Volkes mitzuwirken. Es sei denn, sie sind vom Bundesverfassungsgericht verboten.

Das juristische Problem der Frage, ob die Mitgliedschaft in einer nicht verbotenen Partei bei der Überprüfung der Treuepflicht mit berücksichtigt werden darf, liegt nun darin, daß die Verwaltung dann ja feststellen müßte, ob diese Partei gegen die freiheitliche demokratische Grundordnung gerichtete Ziele verfolgt, mit anderen Worten, nach der Definition in Art. 21 des Grundgesetzes, ob sie verfassungswidrig ist. Das würde aber gegen das Parteienprivileg verstoßen, denn, so heißt es dort: »Über die Frage der Verfassungswidrigkeit entscheidet (nach hM: nur) das Bundesverfassungsgericht.« Darüber hinwegzukommen, ist nicht so einfach. Aber es ist zu schaffen. Im Laufe der letzten dreißig Jahre hat hM hier zweimal gewechselt.

Es beginnt mit den Kommunistenverfolgungen der fünfziger Jahre, nach dem Beginn des Koreakriegs. Das Problem war nicht so drängend wie heute, weil der Verbotsantrag für die KPD schon früh gestellt war und die Partei dann 1956 tatsächlich vom Bundesverfassungsgericht für verfassungswidrig erklärt wurde. Aber was galt in der Zwischenzeit? Das Bundesverwaltungsgericht hat mit einer Entscheidung aus dem Jahre 1960 die hM der fünfziger Jahre, daß das Parteienprivileg insoweit nur eingeschränkt gilt, abschließend bestätigt, im übrigen aber mit einer sehr schlechten Begründung. Man macht das heute viel besser. Die Begründung war folgende: Das Bundesverfassungsgericht habe die Aufgabe festzustellen, ob eine Partei gegen die freiheitliche demokratische Grundordnung verstoße. Bei der Prüfung der Treuepflicht dagegen müsse von der Verwaltung festgestellt werden, ob jemand sich loyal für die freiheitliche demokratische Grundordnung einsetze. Und das sei etwas ganz anderes. Dies aufgrund der Mitgliedschaft in einer Partei zu verneinen bedeutet nicht, die Verfassungswidrigkeit der Partei festzustellen. Das war zu plump.

In den nächsten Jahren hat hM eine Wende vollzogen. Es kamen die liberalen sechziger Jahre. Das Kommunistenproblem war durch das harte Durchgreifen in der frühen Adenauer-Zeit weitgehend erledigt, der Koreakrieg beendet, der Kalte Krieg auch. Man konnte nun mehr Freiheit wagen, zumal die wirtschaftlichen Erfolge nicht zu übersehen gewesen sind. Es gab starke Bedenken gegen die Entscheidung des Bundesverwaltungsgerichts von 1960, auch bei Autoritäten. Und im nächsten Jahr, 1961, erging ein Urteil des Bundesverfassungsgerichts, das in die andere Richtung führte. Es erging zwar nicht direkt zum Beamtenrecht, sondern zum Strafrecht, war aber so eindeutig, daß auch im Beamtenrecht kaum noch jemand eine andere Meinung vertrat. Im Strafrecht gab es das gleiche Problem. Es waren Mitglieder der KPD wegen verfassungswidriger Straftaten verurteilt worden, bevor ihre Partei verboten war. Auch sie beriefen sich darauf, daß damals die Verfassungswidrigkeit der Parteiziele und damit auch ihrer eigenen Handlungen noch nicht erwiesen war. Sie erhielten Recht. Das Bundesverfassungsgericht setzte an die Spitze seiner Entscheidung folgenden Leitsatz: »Bis zur Entscheidung des Bundesverfassungsgerichts kann niemand die Verfassungswidrigkeit einer Partei rechtlich geltend machen. Insofern kommt dieser Entscheidung konstitutive Bedeutung zu«. Das war nun hM der goldenen sechziger Jahre.

Mit dem Ende der Studentenrevolte beginnt in den siebzigern die bekannte Tendenzwende, die auch hM verändert. Der angekündigte Marsch durch die Institutionen soll gestoppt werden. Die Kommunistenfurcht wächst wieder, wird hysterisch wie zur Zeit des Kalten und des Koreakrieges, zumal in den Mittelmeerländern und in Frankreich der kommunistische Umsturz vor der Tür zu stehen scheint. Die Stadtguerilla bläst kräftig in dieses Feuer, und eine Wirtschaftskrise erleichtert, wie immer, politische Repression. hM reagiert zunächst mit einem leichten Schwanken. Das Verwaltungsgericht Gelsenkirchen läßt 1971 in seiner Entscheidung gegen Volker Michels die Frage offen, das Verwaltungsgericht Bremen entscheidet ein Jahr später, 1972, zuungunsten von Horst Holzer allerdings eindeutig gegen das Parteienprivileg. Aber man folgt ihm noch nicht. 1973 urteilen die unteren Gerichte noch überwiegend im Sinne der sechziger Jahre. Die Mitgliedschaft in der DKP, und nur darum geht es eigentlich, darf bei der Prüfung der Treuepflicht nicht berücksichtigt, Bewerber sollen eingestellt werden. So entscheidet das Verwaltungsgericht München zugunsten von Claudia Eisinger, das Verwaltungsgericht Hamburg zugunsten von Peter Grohl, das Verwaltungsgericht Neustadt zugunsten von Anne Lenhart.

Auch in der Literatur ist die Meinung zunächst geteilt. Es überwiegen noch die liberalen Ansichten, in den Aufsätzen und den Zeitschriften, die nun in größerer Zahl erscheinen, wie im Kommentar zum Beamtenrecht von Ule, der allerdings schon 1970 erschienen war. Die Wende der hM kommt 1973/74, mit zwei gewichtigen Stimmen in der Literatur und zwei obergerichtlichen Entscheidungen. Das Oberverwaltungsgericht Koblenz und der Münchener Verwaltungsgerichtshof heben noch 1973 die Urteile der Verwaltungsgerichte Neustadt und München auf und entscheiden gegen das Parteienprivileg. Im selben Jahr erscheint der große Kommentar zum Beamtenrecht von Fürst und vertritt dieselbe Meinung. 1974 erscheint eine spezielle Monographie zur Frage der Berufsverbote: *Studien zum öffentlichen Recht und zur Verwaltungslehre*, Band 12: Klaus Stern, *Zur Verfassungstreue der Beamten.* Stern ist ein angesehener Staatsrechtslehrer, war viele Jahre Rektor der Universität Köln und Mitbegründer des »Bundes Freiheit der Wissenschaft«. Das Buch ist ziemlich schnell geschrieben, man merkt ihm das auch manchmal an, aber es erscheint genau zum richtigen Zeitpunkt. In den nächsten Monaten jedenfalls liegt es in allen Verwaltungen und bei allen Verwaltungsgerichten. Es ist eine zusammenfassende Darstellung von Literatur und Rechtsprechung. Und eine eigene Meinung hat Stern auch. Es ist die kommende hM. Die lautet: »Treuepflicht geht vor Parteienprivileg.«

1973 allerdings war noch ein kleines Unglück passiert, das die Schlingerbewegungen bei der Neubildung der hM verstärkte. Das Bundesverwaltungsgericht hatte über die Klage eines NPD-Obersten in einer Disziplinarangelegenheit zu entscheiden und dabei nicht richtig aufgepaßt. Am Ende der Entscheidung hatten die Richter noch die Meinung der sechziger Jahre vertreten und im Leitsatz erklärt: »Die Benachteiligung eines Soldaten wegen seiner Mitgliedschaft in einer vom Bundesverfassungsgericht nicht verbotenen Partei und wegen seiner mit allgemein erlaubten Mitteln erfolgenden Betätigung in ihr ist rechtswidrig.« Als der Justizminister von Nordrhein-Westfalen diese Entscheidung an die Öffentlichkeit brachte, weil er der Meinung war, sie würde seine Auffassung im Fall der Bewerbung des DKP-Mitgliedes Volker Götz unterstützen, bemerkte man im Bundesverwaltungsgericht das Unglück und ließ sofort durch die Pressestelle dementieren. Die Entscheidung sei ergangen zur Prüfung der

Frage der Treuepflicht während des Dienstes, also nach der Einstellung, nicht für die Prüfung der Treuepflicht vor der Einstellung in den öffentlichen Dienst. Diese etwas hilflose Erklärung entbehrt nicht einer zusätzlichen Komik, denn es gibt in den Beamtengesetzen nur eine einzige Treuepflicht. Die Unterscheidung vorher/nachher erinnert an die alte Unterscheidung desselben Gerichts von »nicht dafür« und »nicht dagegen« im 1960 zur selben Frage ergangenen Urteil, und deshalb erklärte der Justizminister auf das Dementi ungerührt, er bleibe dabei, seine Auffassung werde durch diese Entscheidung bestärkt. Es war eine Episode, die die Bildung der neuen hM nicht aufhalten konnte, zumal das Bundesverwaltungsgericht mit seinem Dementi letztlich schon angekündigt hatte, wie es in Zukunft entscheiden würde.

1975 war es dann so weit. Das Bundesverwaltungsgericht hatte zu entscheiden über die Revision gegen das Urteil des Oberverwaltungsgerichts Koblenz, in dem das Berufsverbot für Anne Lenhart mit ihrer Mitgliedschaft in der DKP begründet worden war. Man konnte die Panne von 1973 wieder beseitigen und erklären: »Treuepflicht geht vor Parteienprivileg«, in der Sprache des Gerichts: »Das Verbotsverfahren nach Art. 21 des Grundgesetzes und die Beurteilung der beamtenrechtlichen Verfassungstreue sind nach Gegenstand und Voraussetzung verschieden.« Wenige Monate später entschied das Bundesverfassungsgericht in einem anderen Fall. Er hatte eigentlich mit diesem Problem des Parteienprivilegs gar nichts zu tun, aber man nahm die Gelegenheit wahr, nebenbei dasselbe zu erklären. Es ist der berühmte Beschluß vom 22. Mai, in dem es heißt: »Ein Teil des Verhaltens, das für die Beurteilung der Persönlichkeit eines Bewerbers erheblich sein kann, kann auch der Beitritt oder die Zugehörigkeit zu einer politischen Partei sein, die verfassungsfeindliche Ziele verfolgt – unabhängig, ob ihre Verfassungswidrigkeit durch Urteil des Bundesverfassungsgerichts festgestellt ist oder nicht.« Nun war es klar. Die neue hM war entstanden: Treuepflicht geht vor Parteienprivileg. hM hatte innerhalb weniger Jahre sich zweimal in die entgegengesetzte Richtung gewendet, was eine im Recht selten scharfe S-Kurve ergibt, die in den fünfziger Jahren auf ihre Strecke zunächst gegen die Kommunisten gerichtet war, dann nach links gewendet in die liberale Gegenrichtung führte und nun schließlich nach einer entsprechenden Wendung nach rechts wieder in die ursprüngliche Richtung läuft.

Es bleibt noch kurz zu erklären, wie das Gericht seine Wendung begründet. 1961 hatte es das Gegenteil gesagt: »Bis zur Entscheidung des Bundesverfassungsgerichts kann niemand die Verfassungswidrigkeit einer Partei rechtlich geltend machen.« Ein Berufsverbot wegen Parteizugehörigkeit ist die beamtenrechtliche Geltendmachung der Verfassungswidrigkeit einer Partei. Wie kommt man davon wieder weg? Indem man ein Quartett von Unterscheidungen einführt und sie kunstvoll durcheinander wirbelt. Dieses Quartett ist die Unterscheidung von Bürgern und Beamten, von rechtlich und faktisch, von einer Partei und ihren Mitgliedern und die von verfassungswidrig und verfassungsfeindlich. Das »rechtlich geltend machen« bezieht sich jetzt nur noch auf die Partei. Ein Berufsverbot ist nur eine rechtliche Maßnahme gegenüber dem Mitglied, nicht gegenüber der Partei. Für die Partei sind die Berufsverbote ihrer Mitglieder ein faktischer Nachteil, den sie hinzunehmen hat. Das Urteil von 1961 betraf auch nur normale Bürger, nicht aber Beamte. Und im übrigen wird im Berufsverbot nicht die Verfassungswidrigkeit einer Partei festgestellt, sondern nur ihre Verfassungsfeindlichkeit.

Diese letzte Unterscheidung – nun ja. Das juristische Problem für die neue hM besteht darin, daß im Grundgesetz im Art. 21 ausdrücklich nicht gesagt wird, verfassungswidrige Parteien könnten nur vom Bundesverfassungsgericht verboten werden. Dann hätte man einfach sagen können: Sie sind zwar nicht verboten, aber sie sind verfassungswidrig. Das geht nicht, weil Art. 21 lautet: »Über die Frage der Verfassungswidrigkeit entscheidet das Bundesverfassungsgericht.« Der parlamentarische Rat wollte mit dieser Formulierung verhindern, daß die Verfassungswidrigkeit einer Partei in irgendeiner Form vor dem Spruch des Gerichts staatlich geltend gemacht wird. Das Wort »verfassungswidrig« sollte vorher juristisch nicht gebraucht werden dürfen, weder von der Regierung, noch vom Parlament, noch von den Gerichten. Was tut man also, wenn man diese Absicht des Verfassungsgebers durchkreuzen will? Man erfindet ein neues Wort. Dieses Wort muß auch möglichst den Vorteil haben, noch etwas aggressiver zu sein als das verbotene, und es muß dasselbe bedeuten. Es ist zu Beginn der siebziger Jahre erfunden worden, heißt »verfassungsfeindlich«, hat den Vorteil stärkerer Aggressivität, weil es mit der aus guten alten Zeiten bekannten innerstaatlichen Feinderklärung verbunden ist, und ist jetzt auch in die

Rechtsprechung des Bundesverfassungsgerichts eingegangen, hM geworden.

Niemand kann voraussagen, wie es weitergehen, wann es eine vierte hM zu dieser Frage geben wird. Die Versuche einiger sozialliberaler Bundesländer, die Praxis der Berufsverbote zu mildern, werden jedenfalls hM nicht ändern, wahrscheinlich Einfluß haben auf die Zahl der Berufsverbote, aber nicht auf ihre Qualität, auch nicht im Problem des Parteienprivilegs. Zunächst geht es einmal um die Regelanfrage, die damit nichts zu tun hat. Für das Parteienprivileg ist hM durch den Beschluß des Bundesverfassungsgerichts von 1975 für längere Zeit festgelegt. Erhebliche Veränderungen der allgemeinen politischen Atmosphäre, wie von den fünfziger in die sechziger oder von dort in die siebziger Jahre, müssen stattfinden, bis sie sich von neuem ändert. Vielleicht wird es wieder nach zehn Jahren sein, möglicherweise auch eher.

Der äußere Prozeß der Bildung von hM ist nun beschrieben. Die Art und Weise, wie sie sich entwickelt und verändert, das komplizierte Hin und Her verschiedenartiger und verschiedengewichtiger Meinungen und Entscheidungen ist an den beiden Beispielen deutlich geworden, aber nicht die Frage beantwortet, was sie denn nun eigentlich ist. Was ist hM? Ist jede hM Recht? Das wohl sicherlich. Aber ist alles Recht hM? Das sicher auch wieder nicht. Ein gewisses Gewicht hat der Gesetzgeber, das Parlament, immer noch. Wenn hM Recht ist, und davon müssen wir ausgehen, was ist dann aM? Und wenn aM kein Recht ist, was ist es dann? Ein Stück Rechtswissenschaft, das nicht Recht geworden ist? Nur Wissenschaft? Und was ist mit den gerichtlichen Entscheidungen der aM? – Wenn auf diese Fragen eine ausreichende Antwort hier nicht gegeben werden kann, dann liegt das auch daran, daß Juristen darüber bisher nicht nachgedacht haben. Vielleicht ist diese Feststellung schon ein Teil der Antwort. hM ist ein mysteriöses Wesen, das sich allenfalls in seinem äußeren Prozeß beschreiben, im übrigen aber nicht gern diskutieren läßt. Sie ist mehr auctoritas als veritas. Autoritäten lassen sich zwar darstellen, aber nicht so leicht diskutieren. Auch das Arbeitsrechtskartell hat die von Wahsner angeregte Diskussion nicht aufgenommen. Es schweigt. Was ja auch das Klügste ist. Man hat in der bisherigen Rechtstheorie unterschieden zwischen drei Bereichen des Rechts, dem Gesetzesrecht, dem Richterrecht und dem Juristenrecht. Dem Juristenrecht ist die Qualität als Rechtsquelle von Juristen auch häufig abgesprochen worden, vielleicht nicht nur aus Bescheidenheit, sondern auch aus Klugheit. Wenn man den Prozeß von hM verfolgt, das Ineinanderübergreifen aller drei Bereiche, besonders von Juristenrecht und Richterrecht, dann wird diese Dreiteilung fragwürdig. Über die genaue Beobachtung des Verfahrens, des Entstehungsprozesses von hM läßt sich wahrscheinlich eine bessere Theorie des Rechts entwickeln, als wenn man es nur von seinen Ergebnissen her betrachtet, wie man es bisher getan hat. Das Ergebnis ist im Verfahren häufig vorweggenommen. Jeder Strafverteidiger weiß das. Vom Verfahren her läßt sich das Ergebnis jedenfalls oft leichter und besser erklären, funktional und historisch. Also lohnt es sich, über hM weiter nachzudenken.

Zum Schluß ein drittes Beispiel, wieder aus dem Arbeitsrecht, das im Gegensatz zu den beiden anderen deutlich machen soll, daß mit einer höchstrichterlichen Entscheidung durchaus nicht immer hM entstanden ist. hM besteht aus der Übereinstimmung der wichtigsten Stimmen in der Rechtsprechung mit den wichtigsten Meinungen der rechtswissenschaftlichen Literatur. Fallen sie auseinander, gibt es keine hM, sondern eine Differenz zwischen Rechtsprechung und Lehre. In wichtigen Fragen kommt das kaum vor. Auch in der Rechtsprechung kann es Meinungsverschiedenheiten geben, denn jedes Gericht urteilt in richterlicher Unabhängigkeit. Die Untergerichte sind an die Meinung der oberen grundsätzlich nicht gebunden. Sie laufen nur Gefahr, daß ihre Urteile später aufgehoben werden. Mit der Entscheidung eines obersten Bundesgerichts sind die Differenzen hier allerdings in aller Regel entschieden. Man muß als Richter schon sehr gewichtige Gründe haben, und meistens auch sehr unabhängig sein, wenn man anders urteilen will. Und ganz selten hat es einen solchen Aufstand von unteren und mittleren Gerichten gegeben, wie in diesem dritten Beispiel. Es geht um die rechtspolitisch brisante Frage der Weiterbeschäftigung des Arbeitnehmers während des Kündigungsschutzprozesses. Das Bundesarbeitsgericht hat sich mit einem Urteil von 1977 nicht durchsetzen können.

Die Literatur ist überwiegend kritisch, die Rechtsprechung weiter geteilt, die Entwicklung noch nicht abgeschlossen, hM noch nicht entstanden. Im übrigen ist das ganze von großer Bedeutung für jeden Arbeitnehmer. Aber wie meistens wird es in juristischer Fachdiskussion entschieden, in der die rechtspolitischen Implikationen nicht offen diskutiert werden, und von der Öffentlichkeit nicht wahrgenommen.

Der seit über fünfzig Jahren langsam immer weiter ausgebaute Kündigungsschutz ist bis heute eigentlich gar kein Schutz vor Kündigungen gewesen. Die Prozesse dauern lange. Ist der Arbeitnehmer mit einer Klage in der ersten Instanz erfolgreich, geht der Arbeitgeber in die Berufung. Häufig kann er auch noch in die dritte Instanz gehen, mit der Revision, vor das Bundesarbeitsgericht. Hat der Arbeitnehmer rechtskräftig gewonnen, muß er zwar wieder eingestellt werden. Aber es ist viel Zeit verstrichen, Monate und Jahre sind vergangen. Meistens hat er inzwischen eine neue Stelle gefunden. Die Fälle, in denen jemand wirklich wieder in seine alte Beschäftigung zurückgekehrt ist, sind außerordentlich selten. Erscheint eine Klage in erster Instanz aussichtsreich, dann einigt man sich meistens vor dem Arbeitsgericht auf einen Vergleich, manchmal auch erst in der zweiten vor dem Landesarbeitsgericht. Der Arbeitnehmer erhält eine Abfindung. Das ist alles. Letztlich bleibt er entlassen. Der Unternehmer hat seinen Willen durchgesetzt. In vielen Fällen überlegt er sich eine Kündigung wohl schon, weil es sehr teuer werden kann, und deshalb ist sicher mehr als eine unterblieben. Insofern, aber auch nur insofern, kann man von einem wirklichen Schutz vor Kündigungen sprechen. Ist eine Kündigung jedoch einmal ausgesprochen, bleibt es in aller Regel dabei, ob sie berechtigt war oder nicht. Man läßt es sich einfach etwas kosten, Herr im eigenen Hause bleiben zu können. Früher, zur Zeit der Vollbeschäftigung, war das nicht so schlimm. Der Arbeitnehmer fand meistens bald wieder eine neue Stelle. Seit einigen Jahren ist das anders, die Situation am Arbeitsmarkt ist schlechter geworden. Man ist auf den alten Arbeitsplatz angewiesen, eine Kündigung bedeutet regelmäßig Arbeitslosigkeit auf unabsehbare Zeit. Deshalb gibt es auch seit einigen Jahren Versuche, das zu ändern.

Juristisch gesprochen handelt es sich um die Frage, ob der Arbeitnehmer nach dem erfolgreichen Urteil der ersten Instanz, auch wenn der Prozeß noch weitergeht, nicht doch einen Anspruch auf Weiterbeschäftigung durchsetzen kann, oder, genauer gesagt, ob er in dieser Situation überhaupt einen solchen

Anspruch hat. Wenn man annimmt, er habe einen, dann kann er ihn auch durchsetzen, kann er in seine alte Stelle zurückgehen. Wenn man annimmt, er habe keinen, dann muß er bis zum endgültigen Ende des Prozesses, und das heißt unabsehbar lange, warten. Das Gesetz sagt nichts dazu, wie so oft. Man muß also wieder interpretieren. Allgemein geht man heute davon aus, der Arbeitnehmer habe bei bestehendem Arbeitsvertrag auch einen Anspruch auf Beschäftigung. Das ist nicht immer so gewesen. Noch in der Weimarer Zeit wurde, auch von den »Linken«, die Meinung vertreten, der Arbeitnehmer habe Anspruch auf Lohn, nicht aber auf Beschäftigung. Der Arbeitsvertrag wurde als bloßer Austauschvertrag gesehen, Arbeit gegen Geld. Das Entscheidende für den Arbeitnehmer war der Lohn. Wenn er dafür noch nicht einmal zu arbeiten brauchte, um so besser. Das änderte sich im Faschismus. Arbeit wurde »Dienst an Volk und Staat«. Darüber sollte der Unternehmer nicht einfach beliebig verfügen können, indem er auf die Arbeit verzichtete – und den Lohn weiterzahlte. Es entstand der Beschäftigungsanspruch des Arbeitnehmers. Nach dem Arbeitsvertrag ist danach der Unternehmer nicht nur zur Lohnzahlung verpflichtet, sondern auch zur Beschäftigung. Man kann das vor Gericht einklagen und – über Zwangsgelder und notfalls eine Beugehaft des Unternehmers (§ 888 der Zivilprozeßordnung) – auch vollstrecken. Seit dem Beginn seiner Tätigkeit vertritt das Bundesarbeitsgericht – zu Recht – die gleiche Auffassung, und zwar mit der Begründung, das ergebe sich nicht nur aus dem Arbeitsvertrag, sondern auch aus der Würde des Menschen, deren besonderen Schutz Art. 1 des Grundgesetzes anordnet.

Nun ist die Sache eigentlich sehr einfach. Wenn es allgemein einen Beschäftigungsanspruch gibt und das Arbeitsgericht in erster Instanz festgestellt hat, daß der Vertrag trotz der Kündigung weiterbesteht, dann kann der Arbeitgeber zur Zahlung des Lohnes und zur Weiterbeschäftigung verurteilt und das ganze auch vollstreckt werden. Merkwürdigerweise ist das bisher nicht so gehandhabt worden. Es wurde immer nur der Antrag gestellt, das Gericht möge feststellen, daß das Arbeitsverhältnis weiterbestehe, und den Arbeitgeber zur Lohnzahlung verurteilen. Bis 1974 scheint niemand auf die Idee gekommen zu sein, auch noch den dritten Antrag zu stellen, daß nämlich der gekündigte Arbeitnehmer auch weiter beschäftigt werde. Es ist ja auch prekär, in ein gestörtes Arbeitsverhältnis zurückzukehren. Vielleicht hat man immer nur die üblicherweise gezahlte Abfindung und im übrigen die Möglichkeit vor Augen gehabt, woanders neu anzufangen. Der Weiterbeschäftigungsanspruch spielte ab und zu eine gewisse Rolle in ungekündigten Arbeitsverhältnissen, z. B. wenn es um die Art und Weise der Beschäftigung ging, wie in der ersten Entscheidung des Bundesarbeitsgerichts zu diesem Problem. Dort war fraglich, ob eine Ärztin weiter als Leiterin der Röntgenabteilung eines Krankenhauses beschäftigt werden mußte oder an eine andere Stelle versetzt werden durfte. Mit der Weiterbeschäftigung nach einer Kündigung wird es ja in der Tat brenzlig. Wenn der Arbeitnehmer, dem zu Unrecht gekündigt worden ist, wieder in den Betrieb zurückkehrt, hat der Unternehmer nicht nur einen Prozeß verloren, sondern auch an Ansehen und Prestige. Und noch mehr. Oft sind es innerbetriebliche Konflikte, die durch exemplarische Kündigungen zugunsten des Unternehmers gelöst werden. Die hohe Abfindung kann er sich leisten. Er bleibt Herr im Haus. Wenn das nicht mehr geht und die Betroffenen wieder zurückkommen, wird die Solidarität der Betriebsangehörigen außerordentlich gestärkt. Sie können nun, fast wie er selbst, den Konflikt ohne Furcht aus dem Betrieb heraus führen und durchstehen. Das Kündigungsrecht gehört nach der üblichen Systematik zum individuellen Arbeitsrecht, also zum Recht des einzelnen Arbeitsvertrages. Man sieht hier leicht, daß es durchaus Übergänge zum kollektiven Arbeitsrecht gibt, und versteht, warum das Bundesarbeitsgericht, das im individuellen Arbeitsrecht eher großzügig, im kollektiven Arbeitsrecht jedoch fast immer unternehmerfreundlich entscheidet, 1977 in dieser Frage zugunsten der Unternehmer entschieden und gesagt hat, während eines Kündigungsprozesses gebe es grundsätzlich keinen Weiterbeschäftigungsanspruch, auch nicht, wenn die Kündigung unrechtmäßig sei.

Eigentlich läßt sich das heute kaum noch begründen. Sicherlich, es gibt Auseinandersetzungen im Betrieb, in denen die Zusammenarbeit für die eine oder andere Seite nach der Kündigung unzumutbar wird. Dann kann es auch keinen Weiterbeschäftigungsanspruch geben. Aber das hängt von den Umständen ab und kann nicht die Regel sein. Nachdem das Bundesarbeitsgericht 1955 den Beschäftigungsanspruch allgemein anerkannt hatte und dann Mitte der siebziger Jahre die ersten Anträge gestellt wurden, konnte man im Grunde nur noch positiv entscheiden. Das haben auch die meisten Gerichte getan, unter überwiegender Zustimmung in der Literatur, in der sich das »Kartell« allerdings noch vorsichtig zurückhielt. Das Bundesarbeitsgericht stand dementsprechend 1977 mit seiner negativen Entscheidung weitgehend allein. Hinzu kam, daß seine Begründung technisch sehr schlecht gewesen ist. Es stützte sich im wesentlichen auf § 102 Abs. 5 des Betriebsverfassungsgesetzes. Nach dieser Vorschrift gibt es einen Weiterbeschäftigungsanspruch im Kündigungsschutzprozeß, und zwar sogar schon vor dem erstinstanzlichen Urteil, allerdings für einen bestimmten Fall. Das Bundesarbeitsgericht sagte nun, das Gesetz habe den Anspruch auf Weiterbeschäftigung nur für diesen bestimmten Fall geben wollen, sonst nicht. Diese von Juristen als »Umkehrschluß« bezeichnete und allgemein übliche Operation ist hier aber logisch nicht möglich. Im Gesetz wird nämlich, für Betriebe mit mehr als fünf Beschäftigten, die Weiterbeschäftigung angeordnet, wenn der Betriebsrat der Kündigung widersprochen hat, und zwar unabhängig davon, ob sie wirksam ist oder nicht. Auch für den Fall, daß die Klage schließlich abgewiesen wird, muß der Arbeitnehmer bis zum Ende des Prozesses beschäftigt werden, wenn der Betriebsrat es will. Der einzig zulässige Umkehrschluß, der sich daraus ziehen läßt, ist der, daß es unabhängig vom Ausgang des Prozesses, unabhängig vom Bestehen des Arbeitsverhältnisses, einen Weiterbeschäftigungsanspruch nicht gibt, wenn der Betriebsrat der Kündigung nicht widersprochen hat. Was aber zu geschehen hat, wenn das Arbeitsgericht in erster Instanz zu dem Urteil kommt, daß die Kündigung unwirksam war und deshalb das Arbeitsverhältnis weiterbesteht, dazu wollte das Betriebsverfassungsgesetz nichts sagen, und konnte es auch nichts sagen, denn es konnte doch nicht den Weiterbeschäftigungsanspruch aus einem bestehenden Arbeitsverhältnis von der Haltung des Betriebsrats abhängig machen, zumal es viele Betriebe gibt, die gar keinen Betriebsrat haben.

In dieser Weise hat sich nach der Entscheidung von 1977 auch die Literatur geäußert, die sie überwiegend ablehnt. Jetzt melden sich sogar Stimmen aus dem »Kartell«, möglicherweise bewogen durch diese fehlerhafte Begründung. Auf dem Juristentag im September 1978 in Wiesbaden wurde die Frage diskutiert und schließlich in einer von den Unternehmern manipulierten Abstimmung mehrheitlich zu ihren Gunsten entschieden. Die Manipulation war so offenkundig, daß der Vorsitzende der arbeitsrechtlichen Abteilung in seinem Schlußbericht mit einer für den eher konservativen Juristentag ungewohnten Deutlichkeit erklärte, er »habe den Eindruck, Zeuge einer abgesprochenen massiven Demonstration der Arbeitgeberseite gegen den weiteren Ausbau des derzeitigen Arbeitsrechts geworden zu sein.« Die Rechtsprechung blieb gespalten, wie vorher.

Diejenigen Gerichte, die vorher für die Weiterbeschäftigung entschieden hatten, ließen sich durch die unbeholfene Argumentation des Bundesarbeitsgerichts nicht überzeugen. Ungefähr 150 Urteile sind seitdem ergangen, die gegen das höchste Gericht Stellung machen, darunter auch der Landesarbeitsgerichte in Berlin, Bremen, Hamburg und Mainz. Es gibt allerdings, wie so oft in politischen Fragen, ein starkes Nord-Süd-Gefälle. Etwa 130 dieser Urteile sind nördlich der Mainlinie ergangen, nur 20 südlich davon. Trotzdem, der Widerstand ist erstaunlich. Die Gegensätze sind es auch. Das Arbeitsgericht Rheine entschied im Februar 1979: »Wurde das Arbeitsverhältnis durch die Kündigung nicht aufgelöst, konnte der Kläger nach hM aber auch den Beschäftigungsanspruch aus dem Arbeitsvertrag während des Kündigungsrechtsstreits geltend machen«; das Landesarbeitsgericht Baden-Württemberg dagegen im September 1978: »Der Beschäftigungsanspruch besteht nach geltender Rechtsüberzeugung nicht während des Kündigungsrechtsstreits.« Dieses war sicher stark übertrieben, jenes ein wenig. Denn solange das Bundesarbeitsgericht noch anderer Auffassung ist, kann man schlecht von hM reden. Es wird sich jedenfalls mit diesem Aufstand noch einmal beschäftigen müssen. An sich hätte das schon längst geschehen sollen. Der zuständige Senat hatte einen entsprechenden Fall dem großen Senat vorgelegt, dem höchsten Gremium des Gerichts. Er hat unter anderem zu entscheiden, wenn die Sicherung einer einheitlichen Rechtsprechung es erfordert (§ 45 des Arbeitsgerichtsgesetzes). Nach der mündlichen Verhandlung im November 1979 in Kassel und vor der Urteilsverkündung ist dann etwas passiert, was die Frankfurter Allgemeine Zeitung als Skandal bezeichnete. Der Anwalt des Betroffenen, um dessen Kündigung der Prozeß geführt wurde, hatte wohl nicht zu Unrecht das Gefühl, das Bundesarbeitsgericht werde am nächsten Tag seine ablehnende Haltung von 1977 bestätigen, und hat es dann mit einem Kunstgriff daran gehindert. Er nahm einfach die dem Verfahren zugrunde liegende Kündigungsschutzklage zurück, die er vor dem Hamburger Arbeitsgericht in erster Instanz eingereicht hatte. Damit war zwar die Kündigung dieses Arbeitnehmers wirksam geworden, aber verhindert, daß das höchste Arbeitsgericht seine Rechtsprechung befestigte und so eine abweichende Haltung der Untergerichte in einer großen Zahl anderer Fälle für die nächste Zukunft fast unmöglich gemacht hätte. Auch hM wäre dann wohl auf die Linie des Bundesarbeitsgerichts eingeschwenkt. Es war der gleiche Anwalt, der Mitte der siebziger Jahre auf die Idee gekommen war, solche Anträge auf Weiterbeschäftigung zu stellen, Uwe Maeffert aus Hamburg. Die Frankfurter Allgemeine war sehr empört. Aber ist es wirklich ein Skandal, wenn man eine skandalöse hM verhindert?

Literatur

Zur Geschichte des Begriffs: *Paul Koschaker,* Europa und das römische Recht, 4. Aufl. 1966, S. 99–105; zur Bildung des »Kartells«: *Roderich Wahsner,* »Das Arbeitsrechtskartell – Die Restauration des Kapitalistischen Arbeitsrechts in Westdeutschland nach 1945«, Kritische Justiz, 1974, S. 369–386; einige Bemerkungen zur hM im Arbeitsrecht auch bei *Wolfgang Däubler,* Das Arbeitsrecht, 1976, (Rowohlt-Taschenbuch), S. 23 f.; zum politischen Streik: *Xenia Rajewski,* Arbeitskampfrecht in der Bundesrepublik, 2. Aufl. 1972 (edition suhrkamp), S. 29–63, eine ausführliche Darstellung der politischen und juristischen Entwicklung; eine gute Dokumentation dazu bei: *Thomas Blanke, Rainer Erd, Ulrich Mückenberger, Ulrich Stascheit (Hrsg.),* Kollektives Arbeitsrecht, Quellentexte zur Geschichte des Arbeitsrechts in Deutschland, 2. Band (1933–1974), 1975 (Rowohlt Taschenbuch studium), Text Nr. 27–38; zum juristischen Problem Däubler S. 136 mit weiteren Nachweisen und *Rudolf Wiethölter,* Zur politischen Funktion des Rechts am eingerichteten und ausgeübten Gewerbebetrieb, Kritische Justiz, 1970, S. 121–139; zum Parteienprivileg bei den Berufsverboten: die Entscheidung des Bundesverwaltungsgerichts von 1960 findet sich im 10. Band seiner Entscheidungen, BVerwGE 10.216, die des Bundesverfassungsgerichts von 1961 im 12. Band seiner Entscheidungssammlung, BVerfGE 12.296; eine der ersten juristischen Stimmen der siebziger Jahre war *Martin Kriele,*

»Kommunisten als Beamte?«, Zeitschrift für Rechtspolitik, 1971, S. 273–276; zwei typische Stimmen aus der Diskussion später: *Josef Isensee,* »Der Beamte zwischen Parteifreiheit und Verfassungstreue«, Juristische Schulung, 1973, S.265–272, und *Gottfried Arndt,* »Zur Vereinbarkeit der Mitgliedschaft in nicht verfassungsfreundlichen Parteien und Vereinigungen mit einer Beschäftigung im öffentlichen Dienst«, Zeitschrift für Beamtenrecht, 1974, S.121–127; die Entscheidung des Bundesverwaltungsgerichts von 1973, mit Anmerkungen von *Ulrich Battis,* auch zur Auseinandersetzung mit dem Justizminister von Nordrhein-Westfalen, in: Neue Juristische Wochenschrift, 1973, S. 1662 f.; die Entscheidungen des Bundesverwaltungsgerichts und des Bundesverfassungsgerichts von 1973: BVerwGE 47.330, BVerfGE 39.334; zum Weiterbeschäftigungsanspruch: Die Entscheidung des Bundesarbeitsgerichts von 1977, in: Neue Juristische Wochenschrift, 1978, S.239; alle anderen Entscheidungen und die Literatur finden sich bei: *Martin Coen,* Das Recht auf Arbeit und der Bestandsschutz des gekündigten Arbeitsverhältnisses, 1979; eine typische Entscheidung gegen das Bundesarbeitsgericht: Landesarbeitsgericht Hamburg, Neue Juristische Wochenschrift, 1979, S. 127, eine typische Stimme aus der Literatur, ebenfalls dagegen: *Reinhard Richardi,* Juristenzeitung, 1978, S. 491 f. – Nachdem dieser Artikel 1979 im »Kursbuch« erschienen war, hat *Klaus Adomeit* zur Verteidigung von hM geschrieben: »Juristische Methode und Sicherheit des Ergebnisses« in: Juristenzeitung 1980, S. 343–347.

III. Das Gericht und die Krise

Warum Sibylle Plogstedt nicht an der Freien Universität arbeiten darf

Seit den Beschlüssen des Bundes und der Länder zu den sogenannten Radikalen im öffentlichen Dienst, seit Januar 1972 also, sind (1975) ungefähr dreihundert Bewerber als Radikale wirksam abgelehnt worden. Die politische Diskussion darüber hat sich langsam erschöpft, und auch die juristische Literatur dazu ist in einem kurzen Überblick nicht mehr zu fassen. Die schwerfällige Apparatur der staatlichen Verwaltung hat sich an die neue Aufgabe der politischen Überprüfung aller Bewerber für den öffentlichen Dienst gewöhnt, neue Stellen sind dafür geschaffen worden, neue Formulare und Aktenwege entwickelt und die Ämter für Verfassungsschutz in die normale Einstellungsprozedur hineingewachsen. Was vor fünf Jahren undenkbar war, ist heute trivialer bürokratischer Alltag, verbunden mit manchen noch nicht erkennbaren Nachteilen für das Selbstverständnis von politisch neutraler Verwaltung, mit den allgemeinen Ängsten bei denen, die noch in der Berufsausbildung stehen und sich auf die Überprüfung ihrer künftigen Bewerbung einstellen, und mit dem unmittelbaren Schaden für die zur Zeit schon Betroffenen. Das Undenkbare ist Normalität geworden. Und inzwischen sprechen die Gerichte, teils für, teils gegen die Verwaltung. Die Zahl ihrer Entscheidungen ist ebenfalls kaum noch festzustellen. Ein Urteil von vielen soll hier besprochen werden, das Urteil des Verwaltungsgerichts Berlin vom 19. Dezember 1974. Es betrifft die Einstellung von Sibylle Plogstedt an der Freien Universität Berlin.

Zu erörtern ist hier einmal die juristisch-dogmatische Argumentation dieses Urteils, zum anderen seine bemerkenswerte Basisbegründung, die es gewissermaßen »wegweisend« macht: Das ist die Argumentation mit der Krise. Wohl zum erstenmal hat sich ein deutsches Gericht in diesen Fragen über juristische Bedenken hinweggesetzt mit dem Hinweis auf die drohende Krise, selber sozusagen den Notstand ausgerufen und dementsprechend entschieden. Damit hat das Recht eine neue politische Qualität erhalten, über die hier kurz zu sprechen ist.

Als Sibylle Plogstedt 1965 in Berlin ihr Studium begann, begann dort auch die Studentenrevolte. Das Schicksal der Studentenbewegung ist ihr eigenes geworden. Sie studierte Soziologie, ging 1969 nach Prag, wurde dort verhaftet, zu einer Gefängnisstrafe verurteilt, weil sie zusammen mit tschechischen Studenten Flugblätter und andere Schriften verbreitet hatte, die »geeignet waren, Widerstand gegen die sozialistische Gesellschaftsordnung hervorzurufen«, und nach eineinhalb Jahren 1971 vorzeitig aus der Tschechoslowakei ausgewiesen. 1972 machte sie ihr Examen und bewarb sich im nächsten Jahr um eine Anstellung als wissenschaftliche Angestellte (»BAT IIa«) an einem Forschungsinstitut der Freien Universität Berlin. Sie wurde dem Präsidenten im Januar 1974 zur Einstellung bis zum 31. Dezember 1974 vorgeschlagen.

Präsident Rolf Kreibich wußte, was auf ihn zukam. Sibylle Plogstedt ist Mitglied der Gruppe Internationaler Marxisten, GIM, des deutschen Verbandes der trotzkistischen IV. Internationale. 1972, zwei Jahre vorher, hatte der Berliner Senat sich geweigert, Ernest Mandel an die Freie Universität zu berufen, und die Bundesregierung das durch ein Einreiseverbot ergänzt. Die Begründung des Berliner Senats: Mandel könne nicht eingestellt werden, weil die von der IV. Internationale angestrebte Rätedemokratie verfassungswidrig sei und im übrigen seine Organisation den »bewaffneten Kampf zum Sturz der internationalen Bourgeoisie« ausgerufen habe. Die Einwände waren schon damals: Auch die Rätedemokratie sei mit dem Grundgesetz vereinbar, und das mit dem »bewaffneten Kampf« sei eine bewußte Irreführung einer ohnehin schon böswilligen Öffentlichkeit. Rolf Kreibich hatte alles durchgestanden, den Ärger draußen und die Unruhe drinnen. Ernest Mandel blieb in Brüssel. Sein Fall, ärgerlich bis heute, wurde zur cause célèbre der »Radikalen im öffentlichen Dienst«, sehr willkommen damals kurz nach den entsprechenden Vereinbarungen des Bundes und der Länder im Januar desselben Jahres. Im Frühjahr 1972, als Ernest Mandel am Frankfurter Flugplatz zurückgewiesen wurde, war Sibylle Plogstedt schon wieder in Berlin. Zwei Jahre später war sie selbst zum Fall geworden.

Der Präsident ließ durch seinen Kanzler mit ihr ein Einstellungsgespräch führen, wie man das heute nennt. Es verlief für sie positiv. Also sollte sie eingestellt werden. Aber durch eine Aufsichtsmaßnahme des Berliner Wissenschaftssenators wurde das der Universität im Februar 1974 verboten. Gegen diesen Verwaltungsakt hat der Präsident im März vor dem Verwaltungsgericht Anfechtungsklage erhoben. Mit dem Urteil vom 19. Dezember 1974 hat das Gericht diese Klage abgewiesen, dem Senator Recht gegeben und erklärt, Sibylle Plogstedt dürfte nicht eingestellt werden.

In der Zeit zwischen der Klageerhebung im März und dem Urteil im Dezember 1974 hatte neben diesem Verfahren in der Hauptsache noch ein anderes Verfahren über eine einstweilige Anordnung stattgefunden, die der Präsident beim Verwaltungsgericht beantragt hatte. Bis zur Entscheidung in der Hauptsache wollte er Sibylle Plogstedt wenigstens vorläufig einstellen. Das Verwaltungsgericht lehnte das ab. Das Oberverwaltungsgericht hob diesen Beschluß im April auf und gestattete dem Präsidenten mit einer einstweiligen Anordnung bis zur rechtskräftigen Entscheidung des Verfahrens in der Hauptsache die vorläufige Einstellung. Eine rechtskräftige Entscheidung ist bis heute noch nicht ergangen, denn der Präsident hat gegen das Urteil vom 19. Dezember 1974 Berufung eingelegt, über die nun vom Oberverwaltungsgericht entschieden werden muß. Deshalb war Sibylle Plogstedt bis Ende Dezember 1974 an der Freien Universität als wissenschaftliche Angestellte beschäftigt und ist es noch heute, nach einer vorläufigen Verlängerung dieses vorläufigen Arbeitsverhältnisses.

Die Bedenken des Oberverwaltungsgerichts

Die vorläufige Entscheidung des Oberverwaltungsgerichts ist nicht ohne Bedeutung auch für das Urteil des Verwaltungsgerichts in der Hauptsache. Derartige einstweilige Regelungen werden nämlich zu Recht auch davon abhängig gemacht, wie die Erfolgsaussichten der Klage in der Hauptsache sind. Das Verwaltungsgericht hatte sie sehr gering eingeschätzt und deshalb den Erlaß der einstweiligen Anordnung abgelehnt. Es hat diese Einschätzung im Urteil vom 19. Dezember 1974 bestätigt. Das Oberverwaltungsgericht hatte es aber anders gesehen. Es hatte dabei, im Grunde an die Adresse des Verwaltungsgerichts, zu bedenken gegeben, daß bei der Beurteilung der sog. Verfassungstreue von Bewerbern für den öffentlichen Dienst wohl unterschieden werden müsse nach Art und Bedeutung der Einstellung.

Grundlage für die Ablehnung von Einstellungen sind in allen diesen Fällen gleichlautende Vorschriften in den Beamtengesetzen des Bundes und der Länder. Danach darf nur eingestellt werden, wer, wie es wörtlich heißt, »die Gewähr dafür bietet, daß er jederzeit für die freiheitlich-demokratische Grundordnung eintritt«. In diesen Vorschriften konkretisiert sich das Prinzip der abwehrbereiten Demokratie: »Toleranz – außer gegen Intoleranz.« Das Prinzip ist gut, aber seine Durchführung hat schon immer Schwierigkeiten bereitet. Es läßt sich eben im Einzelfall nur sehr schwer bestimmen, wer intolerant ist. Die Schwierigkeiten werden dadurch verstärkt, daß sich der Anwendungsbereich der Vorschriften ständig ausdehnt. Immer mehr Beschäftigte stehen im öffentlichen Dienst. 1973 waren es dreieinhalb Millionen von 26,5 Millionen Beschäftigten in der Bundesrepublik.

Das Oberverwaltungsgericht Berlin hat nun versucht, diese Schwierigkeiten dadurch zu mindern, daß es nach der Art der Beschäftigung differenziert. Es meinte, an einen befristet einzustellenden Angestellten seien in bezug auf die Verfassungstreue nicht so hohe Anforderungen zu stellen wie an einen Beamten, der auf Lebenszeit eingestellt wird, zumal es für die Arbeiter und Angestellten im öffentlichen Dienst im Gegensatz zu den Beamten dafür keine ausdrücklichen gesetzlichen Bestimmungen gibt. Wahrscheinlich müsse man auch nach der Art der Aufgabe unterscheiden, also höhere Anforderungen stellen an jemand, der als Polizeioffizier angestellt werden soll als an einen künftigen Straßenbahnschaffner. Folgt man diesem Gedanken, dann wäre das für die Anstellung von Sibylle Plogstedt von einiger Bedeutung. Sie sollte nämlich nur als Forschungsangestellte für befristete Zeit, und nicht auch für die Lehre eingestellt werden. Und im Grundgesetz wird für die Verfassungstreue ausdrücklich zwischen Forschung und Lehre unterschieden. Es heißt dort in Art. 5 Abs. 3: ». . . Forschung und Lehre sind frei. Die Freiheit der Lehre entbindet nicht von der Treue zur Verfassung.« Man muß also davon ausgehen, daß die Freiheit der Forschung von der Treue zur Verfassung entbunden ist. Und es gibt dafür auch einleuchtende Gründe.

Sibylle Plogstedt sollte nun eingestellt werden in ein zeitlich befristetes Angestelltenverhältnis, und zwar nur für Aufgaben der Forschung. Deshalb meinte das Oberverwaltungsgericht in dieser Entscheidung über die einstweilige Anordnung, die Aussichten, daß die Klage in der Hauptsache Erfolg haben werde, seien nicht so schlecht, wie das Verwaltungsgericht es angenommen hatte. Es erließ die einstweilige Anordnung über ihre vorläufige Beschäftigung.

Undifferenzierte Treuepflicht

Nur vor dem Hintergrund dieser Entscheidung des Oberverwaltungsgerichts vom April 1974 ist das Urteil des Verwaltungsgerichts vom Dezember zu verstehen. Das Oberverwaltungsgericht hatte in gewisser Weise Richtlinien angedeutet, nach denen zu entscheiden sei. Das Verwaltungsgericht hatte sich damit auseinanderzusetzen. Der normale Gang des Verfahrens ist der, daß ein Untergericht sich an derartige Empfehlungen seines Obergerichts hält, auch wenn es dazu wegen der Unabhängigkeit seiner Richter natürlich nicht verpflichtet ist. Wenn es anders entscheidet, muß es eben damit rechnen, daß seine Entscheidung später aufgehoben wird. Das möchte man vermeiden.

Das Verwaltungsgericht Berlin hat anders entschieden. Es mußte also Gründe nennen, die gegen die Differenzierung bei der Treuepflicht sprechen, mußte also begründen, warum man die gleichen Anforderungen an die Verfassungstreue des künftigen Straßenbahnschaffners zu stellen hat wie an die des künftigen Polizeioffiziers oder eines Regierungsrats in einem Innenministerium, und es mußte auch begründen, warum es hier von der ausdrücklichen Unterscheidung des Grundgesetzes zwischen Forschung und Lehre abgeht. Die Gründe werden im folgenden noch genauer dargestellt. Hier soll zunächst nur ein Überblick gegeben werden.

Das Gericht begründet zunächst, warum eine Differenzierung in den Anforderungen an die Treuepflicht zwischen Beamten und Angestellten nicht gemacht werden kann. Es beruft sich auf Art. 33 Abs. 2 des Grundgesetzes. Danach hat jeder Deutsche nach seiner Eignung und Befähigung und fachlichen Leistung gleichen Zugang zu jedem öffentlichen Amt. Die Verfassungstreue, sagt das Verwaltungsgericht, sei ein Teil der für die Einstellung in den öffentlichen Dienst erforderlichen Eignung. Unter öffentlichem Amt sei sowohl das Beamtenverhältnis als auch die Einstellung als Angestellte zu verstehen. Das Grundgesetz fordere also auch für die Angestellten eine Eignung. Da die Verfassungstreue ein wichtiger Bestandteil der Eignung sei, werde sie vom Grundgesetz also auch für die Angestellten gefordert. Danach begründet das Verwaltungsgericht, warum man für die Verfassungstreue trotz des Worlauts in Art. 5 Abs. 3 des Grundgesetzes keinen Unterschied zwischen Forschung und Lehre machen könne. Die Einstellung als wissenschaftlicher Angestellter begründe nämlich nicht nur die Verpflichtung zur Arbeit in der Forschung, sondern auch allgemeine Rechte und Pflichten im öffentlichen Dienst, zum Beispiel das aktive und passive Wahlrecht zu den Hochschulgremien. Für die Ausübung dieser über die reine Forschung hinausgehenden Rechte und Pflichten sei wieder die Erfüllung der allgemeinen Verfassungstreue notwendig.

Nachdem das Gericht in dieser Weise die Frage der Differenzierung zunächst getrennt behandelt, für die Unterscheidung von Beamten und Angestellten den Art. 33 Abs. 2 und für die von Forschung und Lehre den Art. 5 Abs. 3 des Grundgesetzes interpretiert hat, nachdem es also mit anderen Worten in den Art. 33 Abs. 2 etwas hineininterpretiert hat, was nicht drinsteht, und aus Art. 5 Abs. 3 etwas weginterpretiert, was im Wortlaut enthalten ist, gibt es noch eine allgemeine Begründung dafür, warum es überhaupt Differenzierungen dieser Art für falsch hält. Man könne nämlich nie ausschließen, daß es Krisenzeiten gibt, politische oder wirtschaftliche Krisen, in denen man sich auf alle im öffentlichen Dienst Beschäftigten verlassen können müsse. Deshalb dürfe man auch in ruhigen Zeiten keine Unterscheidungen machen.

Das ist der erste Teil der Argumentation. Der zweite Teil betrifft die Frage, ob Trotzkisten verfassungswidrige Ziele verfolgen oder nicht, ob jedes Mitglied sich diese allgemeinen Ziele anrechnen lassen muß, also die Frage des Parteienprivilegs und die entsprechende Frage für andere politische Organisationen, die keine Parteien sind. Es ist dies alles in der allgemeinen Diskussion schon häufig behandelt worden. Deshalb sollen hier kurze Andeutungen genügen. Das Urteil bringt dazu nichts grundsätzlich Neues. Bemerkenswert ist nur, mit welcher Ausführlichkeit es seine Auffassung begründet, die Ziele der Trotzkisten seien »verfassungsordnungswidrig«. Ein neues Wort übrigens, worauf noch einzugehen ist. Diese Darlegungen sind jedenfalls weit ausführlicher als die Begründung des Berliner Wissenschaftssenators für seine damalige Ablehnung der Berufung Ernest Mandels, auch ausführlicher als die Begründung des Bundesinnenministers für das darauffolgende Ausweisungsverbot, allerdings ebensowenig abgewogen wie die damaligen Darstellungen der politischen Ziele der IV. Internationale und mit den gleichen Fehlern von damals. Einer sei hier nur genannt. Auch das Verwaltungsgericht Berlin geht davon aus, in den Statuten dieser Organisation werde aufgerufen zum »bewaffneten Kampf zum Sturz der internationalen Bourgeoisie«. Dieser Satz stammt aber aus den Statuten der III. Internationale, nicht aus denen der IV., die 1938 in der Präambel zu ihren Statuten zwar sehr allgemein in historischer Betrachtung die Grundsätze der III. Internationale und die Gründe für deren Scheitern genannt, diesen Satz aber nie zu ihrem Programm gemacht hat. Die Identifizierung dieses Satzes mit den Statuten der IV. Internationale durch das Gericht wird auch nicht dadurch weniger skandalös, daß bereits der Berliner Senator und der damalige Bundesinnenminister ebenso argumentiert haben. Das Gericht führt dann aus, daß nach den Statuten der GIM nur Mitglied sein könne, wer sich zu ihren »verfassungsordnungswidrigen« Zielen bekenne. Da Sibylle Plogstedt Mitglied der GIM ist, ergäben sich daraus Zweifel an ihrer Verfassungstreue. Wenn sich solche Zweifel ergeben, trage der Bewerber für den öffentlichen Dienst die Beweislast dafür, daß er trotzdem jederzeit bereit ist, für die freiheitlich-demokratische Grundordnung einzutreten. Die Beweise dafür habe Sibylle Plogstedt nicht erbracht, deshalb der Wissenschaftssenator ihre Einstellung zu Recht verboten.

Zu diesem zweiten Teil des Urteils soll hier nicht weiter Stellung genommen werden. Die Bemerkungen beschränken sich auf den ersten Teil, der die entscheidenden Weichen für den zweiten gestellt hat. In ihm erscheint eine neue Qualität juristischer Argumentation, nämlich das Argument der Krise. Es trägt die ganze Entscheidung, denn man muß davon ausgehen, daß sie trotz der ausführlichen Darlegungen zu der »Verfassungsordnungswidrigkeit« der Bestrebungen der IV. Internationalen anders ausgefallen wäre, wenn es seine Anforderungen an die

Verfassungstreue differenziert hätte. Das Argument der Krise ist also der Wendepunkt im Zentrum der Entscheidung. Kann man für die Treuepflicht unterscheiden zwischen Beamten und Angestellten, zwischen Forschung und Lehre? Das hatte das Oberverwaltungsgericht gefragt. Das Verwaltungsgericht antwortete: Nein, man kann es nicht. Bevor es den eigentlichen Grund, das Motiv für seine Entscheidung nennt, gibt es die Antwort zunächst im – notwendigen – Gewand der juristischen Dogmatik.

Die Angestellten

Das Oberverwaltungsgericht hatte eine Differenzierung zwischen Beamten und Angestellten erwogen. Diese Unterscheidung bietet sich schon deshalb an, weil tatsächlich die Verfassungstreue als Einstellungsbedingung gesetzlich ausdrücklich nur für die Beamten festgelegt ist. Nur für sie gibt es gesetzliche Bestimmungen, die verlangen, daß der Bewerber bereit sein muß, jederzeit für die freiheitlich-demokratische Grundordnung einzutreten. Das ist auch sinnvoll, denn die Stellung der Beamten ist insgesamt besser als die der Angestellten. Das mag man rechtspolitisch für falsch halten. Aber man muß davon ausgehen. Nur sie werden zum Beispiel auf Lebenszeit angestellt. Da es also immer noch wesentliche Unterschiede gibt in der Rechtsstellung von Beamten und Angestellten, ist es auf der Grundlage der gegenwärtigen Regelung vernünftig, auch verschiedene Anforderungen an ihre Einstellung zu stellen. Eine einfache und logische Argumentation.

Wenn man das aber nun nicht will, kann man auch anders argumentieren. Es ist ein bißchen komplizierter, aber es geht. Wenn man aufgrund anderer Überlegungen – aus Furcht vor einer drohenden Wirtschaftskrise mit ihren politischen Folgen – meint, es sei richtig, daß politisch links orientierten Bewerbern, also etwa Trotzkisten, auch die Möglichkeit genommen werden soll, als Angestellte im öffentlichen Dienst zu arbeiten, dann braucht man sich juristisch nur auf die nächsthöhere Ebene der Abstraktion zu begeben, wie es das Verwaltungsgericht tut. Man geht dann von der Einstellungsvoraussetzung der Verfassungstreue der Beamten einen Schritt höher zum Oberbegriff »Eignung«. Man sagt: Verfassungstreue ist ein Teil ihrer Eignung für das Amt. Oder anders ausgedrückt: Wenn sie nicht verfassungstreu sind, sind sie als Beamte für ihren Dienst nicht geeignet. Diesen Oberbegriff »Eignung« wählt man, weil er sich in einer Verfassungsnorm für den gesamten öffentlichen Dienst findet, nämlich in Art. 33 Abs. 2 des Grundgesetzes: »Jeder Deutsche hat nach seiner Eignung, Befähigung und fachlichen Leistung gleichen Zugang zu jedem öffentlichen Amte.«

Wenn man sagt, die Verfassungstreue ist ein Teil der persönlichen Eignung des Beamten, und wenn die Eignung in Art. 33 mit dem gesamten öffentlichen Dienst in Verbindung gebracht ist, zu dem auch die Angestellten gehören, dann kann man vom Oberbegriff Eignung wieder heruntersteigen zu den Angestellten und argumentieren: Zur Eignung für den öffentlichen Dienst gehört allgemein auch die Verfassungstreue. Also ist die Verfassungstreue auch Einstellungsvoraussetzung für die Anstellung von Angestellten im öffentlichen Dienst, ohne daß es dafür besonderer gesetzlicher Vorschriften bedarf, wie sie für die Beamten bestehen. Also kann man nicht zwischen Angestellten und Beamten unterscheiden. Das ist die Argumentation des Verwaltungsgerichts Berlin, das damit einer in der juristischen Literatur verbreiteten Meinung folgt.

Exkurs: Treuepflicht und Parteienprivileg

Wie man sieht, ist auch diese juristische Konstruktion möglich. Sie hat im übrigen noch einen weiteren Vorteil. Damit hat man nämlich das Prinzip der Verfassungstreue aus dem niederen Rang der Formulierung in einfachen Gesetzen erhoben in den Adel einer Verfassungsnorm. Auch die Verfassungstreue der Angestellten, die noch nicht einmal in Gesetzen formuliert ist, erhält dadurch Verfassungsrang. Über den Begriff der Eignung im Art. 33 des Grundgesetzes kann dann diese Treuepflicht auch konkurrieren mit einem Hindernis auf dem Weg zur Durchsetzung der Radikalenbeschlüsse, das nun ausdrücklich in der Verfassung genannt ist, nämlich mit dem Parteienprivileg des Artikels 21 Abs. 2 des Grundgesetzes, in dem bestimmt ist, daß die Verfassungswidrigkeit von Parteien nur vom Bundesverfassungsgericht festgestellt werden darf und von niemand anderem. Wenn man diesen unaufhaltsamen Aufstieg der Treuepflicht weiter verfolgt, kann man auch feststellen, daß sie in dieser Frage inzwischen nach der im Vordringen befindlichen Meinung und nach der Meinung des Verwaltungsgerichts Berlin nicht nur mit dem Parteienprivileg verglichen werden darf, sondern es schon überholt hat, im Range also höher bewertet wird als die ausdrückliche Vorschrift des Art. 21 Abs. 2 Satz 2 des Grundgesetzes. Auch die Bundesregierung hat vor kurzem erklärt: »Treuepflicht geht vor Parteienprivileg.« Dieser Satz beruht lediglich auf der Identifizierung der Verfassungstreue mit der »Eignung« für den öffentlichen Dienst in Art. 33 des Grundgesetzes (für die Beamten kommt noch Art. 33 Abs. 3 hinzu, in dem die »hergebrachten Grundsätze des Beamtentums« genannt werden; er ist aber keine geeignete Grundlage, weil man nicht zwischen Beamten und Angestellten differenzieren will). Nur dadurch kann die Treuepflicht Verfassungsrang erhalten und mit dem Parteienprivileg des Art. 21 konkurrieren. Sie hat, wie viele juristische Konstruktionen, die zum Zweck aktueller politischer Maßnahmen gegen politische Gruppen durchgeführt werden, auch ihre juristischen Schwächen. Die größte Schwäche besteht darin, daß Art. 21 ausdrücklich zum Schutz der Parteien erlassen ist, als Rechtsgrundlage auch systematisch mit seinem Schutzzweck als Verfassungsprinzip »Parteienprivileg« übereinstimmt. Man sieht das sehr leicht am Wortlaut: »Über die Frage der Verfassungswidrigkeit entscheidet das Bundesverfassungsgericht.«

Zwei Subjekte erscheinen hier: die Parteien und das Bundesverfassungsgericht. Auf die Frage, wen will die Verfassung hier begünstigen, will sie das Bundesverfassungsgericht oder die Parteien begünstigen, ist nur eine Antwort möglich: Das Verfassungsgericht ist hier Mittel zum Schutz der Parteien. Niemand anders soll ihre Verfassungswidrigkeit geltend machen dürfen.

Anders der Art. 33 Abs. 2 des Grundgesetzes. Er lautet: »Jeder Deutsche hat nach seiner Eignung, Befähigung und fachlichen Leistung gleichen Zugang zu jedem öffentlichen Amte.«

Auch hier sind wieder zwei Subjekte genannt: Der Bewerber für das öffentliche Amt und der Staat als Einstellungsbehörde. Auf die Frage, wen will die Verfassung hier begünstigen, den Bewerber oder den Staat, ist ebenfalls nur eine Antwort möglich: Es ist eine Schutzvorschrift für den Bewerber. Über die Identifizierung der Treuepflicht mit der Eignung wird diese Schutzvorschrift außerordentlich stark eingeschränkt. Das ist systematisch noch gerechtfertigt. Denn das Vorhandensein von Eignung, Befähigung und fachlicher Leistung ist vom Verfassungsgeber durchaus als einschränkende Voraussetzung für die Gleichbehandlung bei Einstellungen genannt worden. Was nun allerdings systematisch und aus dem Zweck dieser Vorschrift nicht mehr ableitbar ist, das ist die Erhebung dieser Einschränkung einer Verfassungsnorm in den Rang eines selbständigen Verfassungsprinzips »Treuepflicht«, das mit dem Parteienprivileg des Art. 21 zum Nachteil der Bewerber konkurrieren kann. Mit anderen Worten: Es ist systematisch unzulässig, aus der Einschränkung einer Schutzvorschrift für Bewerber (Art. 33 Abs. 2) ein Verfassungsprinzip zu ihrem Nachteil abzuleiten, das dann im Rang sogar noch höher stehen soll als eine andere Vorschrift mit Verfassungsrang, die ebenfalls zu ihren Gunsten erlassen und ausdrücklich als Schutzvorschrift in das Grundgesetz aufgenommen worden ist. (Art. 21 Abs. 2).

Es ist eine Schwäche der Konstruktion. Aber sie fällt im Ergebnis nicht ins Gewicht. Die herrschende Meinung der Juristen wird sich ihr zuwenden. Die herrschende Meinung ist eine Art Abstimmungsmechanismus in der Jurisprudenz. Sie bildet sich aus der Addition von Entscheidungen der Obergerichte und von Äußerungen in der juristischen Fachliteratur. Auch in der Fachliteratur wird dabei allerdings nicht so sehr demokratisch abgestimmt, also nach dem Prinzip »one man one vote«, sondern es kommt eher auf die Autorität derjenigen an, die sich dort äußern. Das Gewicht der Stimme von Herrn A kann sehr viel größer sein als das der Stimme von Herrn B. Auch hier gibt es eine Art Rangordnung, wie zwischen Obergerichten und Untergerichten, und es ist nicht verwunderlich, daß diejenigen, die dort an der Spitze stehen, häufig eine stark konservative Grundhaltung zeigen. Zu einem großen Teil sind sie Hochschullehrer und stehen in ihren Universitäten auch im Zentrum der Phalanx, die der Bund Freiheit der Wissenschaft gegen die Einstellung von linken Bewerbern an den Hochschulen aufgebaut hat. Auch die Hochschulen gehören zum öffentlichen Dienst. Hier schließt sich im übrigen auch der Kreis um die Bewerberin Sibylle Plogstedt. Die herrschende Meinung der Juristen ist gegen sie und bestimmt auch die Meinung des Gerichts. Es ist eine herrschende Meinung, die sich im Kreise derjenigen bildet, die in ihren Universitäten die

Vorgänge um die Auswahl von Bewerbern sehr genau beobachten und die dann die staatliche Aufsicht anrufen. Einer dieser Streiter an der Spitze des Bundes Freiheit der Wissenschaft ist der ehemalige Rektor der Universität Köln. In der Westdeutschen Rektorenkonferenz hat er gemeinsam mit seinem juristischen Kollegen, dem ehemaligen Rektor der Universität Bonn, vor drei Jahren erfolgreich die dort heute vorherrschende stark konservative und restriktive Politik dieses ehemals progressiven Plenums der deutschen Hochschulen durchgesetzt. Im letzten Jahr hat er nun ein Buch veröffentlicht zur Frage der Einstellung von sogenannten Radikalen im öffentlichen Dienst. Es wird auch die herrschende Meinung der Juristen zu dieser Frage und die Haltung der Gerichte weitgehend mitbestimmen: Klaus Stern, Zur Verfassungstreue der Beamten, 1974. Es ist die Geschichte vom Hasen und dem Igel. Der politische Igel in der Universität, aus der Sibylle Plogstedt ferngehalten werden soll, ist der Bund Freiheit der Wissenschaft. Sie rennt zum Gericht (in diesem Fall als Beigeladene). Und in Gestalt einer wissenschaftlichen Monographie ist der Bund als juristischer Igel längst schon dort gewesen.

Exkurs: Das Wort »verfassungsordnungswidrig«

Wird auf diese Weise das Parteienprivileg des Art. 21 Abs. 2 des Grundgesetzes aufgehoben, muß man versuchen, dem Buchstaben der Verfassung gegenüber eine gewisse Rücksicht zu wahren. Art. 21 Abs. 2 lautet vollständig: »Parteien, die nach ihren Zielen oder nach dem Verhalten ihrer Anhänger davon ausgehen, die freiheitliche demokratische Grundordnung zu beeinträchtigen oder zu beseitigen oder den Bestand der Bundesrepublik Deutschland zu gefährden, sind verfassungswidrig. Über die Frage der Verfassungswidrigkeit entscheidet das Bundesverfassungsgericht.«

Damit ist die Feststellung, eine Partei sei »verfassungswidrig« oder sie verfolge »verfassungswidrige« Ziele, wenn sie von einer staatlichen Stelle oder einem Verwaltungsgericht getroffen wird und nicht vom Bundesverfassungsgericht, doch ein wenig indezent. Deshalb gebraucht man in der Bundesrepublik in politischen Diskussionen seitens der staatlichen Stellen seit einiger Zeit das Wort »verfassungsfeindlich«. Dieses Wort ist eine Neuschöpfung. Sie hat ihre Grundlage weder in einem Gesetz noch in der Verfassung, sondern allein in der Höflichkeit gegenüber dem Grundgesetz und dem Bundesverfassungsgericht. Es kommt zwar in der Sache auf dasselbe heraus, aber der juristische Anstand ist gewahrt. Das Verwaltungsgericht Berlin verwendet nun in seinem Urteil das Wort »verfassungsordnungswidrig«. Soweit ersichtlich, ist das seine eigene Erfindung. Sie ist deswegen besser als die bisher übliche Sprachregelung, weil man auf diese Weise die Höflichkeit nicht nur gegenüber der Verfassung und ihrem obersten Gericht bewahrt, sondern auch gegenüber denjenigen, die von der Aufhebung des Parteienprivilegs betroffen sind. Sie sind nun nicht mehr »Verfassungsfeinde«, sondern nur noch Bewerber, die verfassungsordnungswidrige Bestrebungen verfolgen. Auch ihnen gegenüber ändert das in der Sache nichts. Sie werden nicht eingestellt. Aber es wird wenigstens doch der Vorwurf, sie seien Feinde der Verfassung und damit doch des Staates und der Gesellschaft, nicht unerheblich gemildert.

Nochmals: Treuepflicht der Angestellten

Die Argumentation des Verwaltungsgerichts Berlin zur Frage der Gleichbehandlung von Beamten und Angestellten hat übrigens eine ähnliche juristische Schwäche wie die Erhebung der Treuepflicht über das Parteienprivileg. Sie soll noch kurz dargestellt werden.

Das Verwaltungsgericht sagt: Die Verfassungstreue der Beamten ist Teil ihrer Eignung zum öffentlichen Dienst. Die Eignung ist in Art. 33 des Grundgesetzes für Beamte und Angestellte in gleicher Weise genannt. Also gilt für Angestellte auch im Hinblick auf die Verfassungstreue dasselbe wie für Beamte.

Die Argumentation ist logisch soweit in Ordnung. Aber sie ist eben doch keine ausreichende Begründung für die Zurückweisung der Bedenken des Oberverwaltungsgerichts, das eine Differenzierung in den Anforderungen an die Treuepflicht für möglich gehalten hat. Der logische Schluß des Verwaltungsgerichts lautet doch nur: Auch für die Einstellung von Angestellten wird die Verfassungstreue vorausgesetzt. Damit ist ja aber nicht entschieden, ob nicht innerhalb der für Beamte und Angestellte gleichermaßen zu fordernden Verfassungstreue doch noch zwischen Beamten und Angestellten in den Einzelanforderungen unterschieden werden kann, nämlich in dem Sinne, daß für die Einstellung von Angestellten die Anforderungen nicht so hoch anzusetzen sind wie für die Beamten. Das ergibt sich einfach daraus, daß es immer noch sehr starke Unterschiede in der Rechtsstellung von Beamten und Angestellten gibt. Mit anderen Worten: Das Verwaltungsgericht hat nur – übrigens in juristisch sehr angreifbarer Weise – dargelegt, daß die Verfassungstreue für beide Gruppen Einstellungsvoraussetzung ist. Aber nicht, daß man nicht doch noch zwischen Beamten und Angestellten unterscheiden darf und muß. Genau das war der Einwand des Oberverwaltungsgerichts.

Es ist ja auch kein Zufall, daß sich die Vorschriften über die Verfassungstreue in gesetzlichen Vorschriften nur für Beamte finden. Sie sind zugeschnitten auf den Beamten alten Typs, der sich im wesentlichen im Bereich der alten Eingriffsverwaltung findet. Sie passen nicht mehr für die moderne Leistungsverwaltung, die die Struktur der Beamtenschaft stark verändert hat. Hier besonders ist die Verwaltung expandiert. Hier ist die große Masse der Angestellten tätig. Die richtige Folgerung daraus wäre, die notwendige Angleichung des Dienstrechts zwischen beiden Gruppen in die Richtung zu planen, daß in Zukunft im wesentlichen nur Angestelltenrecht gilt, so daß die Rechtsstellung der dreieinhalb Millionen Beschäftigten des öffentlichen Dienstes im wesentlichen der der übrigen dreiundzwanzig Millionen angeglichen wird. Allerdings scheint die Tendenz zur Zeit in die andere Richtung zu gehen. Man will sie alle zu Beamten machen (Bericht der Kommission zur Reform des öffentlichen Dienstrechts, 1973), was verständlich wird auf dem politischen Hintergrund der Ausweitung der Treuepflicht.

Im übrigen spricht für die Meinung des Oberverwaltungsgerichts die Praxis der Verwaltung. Dort wird tatsächlich nach der Art und Bedeutung der Beschäftigung unterschieden. Denn die sicherheitsrechtlichen Überprüfungen betreffen nur die Beamten und Angestellten und nicht die Arbeiter im öffentlichen Dienst, und bei den Beamten und Angestellten auch nur diejenigen, die für eine Anstellung vorgesehen sind, die über einer staatlichen Reizschwelle liegen, nämlich ab Inspektor aufwärts (und bei den Angestellten ab der Besoldung BAT Vb, was dem etwa entspricht). Man differenziert also im Hinblick auf die Bedeutung der angestrebten Tätigkeit. Deshalb schon ist es falsch, wenn das Verwaltungsgericht meint, es gebe Mindestanforderungen für alle Beschäftigten im öffentlichen Dienst.

Die Forschung

Die Problematik ist sehr ähnlich wie bei der Unterscheidung von Beamten und Angestellten. Das Verwaltungsgericht sagt, einen Unterschied zwischen Bewerbern für die Arbeit in der Forschung und solchen, die auch oder in erster Linie für die Arbeit in der Lehre eingestellt werden sollen, könne man nicht machen. Denn auch diejenigen, die nur in der Forschung tätig sind, befinden sich in einem allgemeinen dienstrechtlichen Verhältnis zur Universität mit Rechten und Pflichten, die über die Forschung hinausgehen. Also zum Beispiel mit dem aktiven und passiven Wahlrecht für alle Gremien der Hochschulselbstverwaltung, in denen nicht nur über die Forschung, sondern auch über die Lehre mitbestimmt wird (wobei man allerdings bedenken muß, daß die Mitbestimmungsrechte der Angestellten, und zwar auch der Angestellten in der Forschung, als sogenannter anderer Dienstkräfte inzwischen nach der Novellierung von 1973 und 1974 auch in der Freien Universität auf ein Minimum beschränkt worden sind).

Im Grunde ist das angesichts der ausdrücklichen Vorschrift des Art. 5 Abs. 3 des Grundgesetzes eine erstaunliche Argumentation: ». . . Forschung und Lehre sind frei. Die Freiheit der Lehre entbindet nicht von der Treue zur Verfassung.«

Dort wird im Hinblick auf die Verfassungstreue klar unterschieden zwischen Forschung und Lehre. Diese Unterscheidung der Verfassung betrifft den wesentlichen Inhalt des für Sibylle Plogstedt angestrebten Arbeitsverhältnisses, nämlich die Arbeit in der Forschung. Daneben existieren in der Tat noch andere dienstliche Rechte und Pflichten. Sie sind aber im Vergleich mit ihrer Aufgabe zur Arbeit in der Forschung nur von untergeordneter Bedeutung. Also liegt doch auch hier nichts näher als die Entscheidung: In der Tat, im Hinblick auf die neben der Forschungsarbeit bestehenden allgemeinen dienstlichen Rechte und Pflichten muß man davon ausgehen, daß auch für die Einstellung zur Arbeit in der Forschung Verfassungstreue vorausgesetzt wird, wie für die Einstellung zur Arbeit in der Lehre. Aber in den Anforderungen an den Nachweis der Verfassungstreue macht man Unterschiede je nachdem, ob der Bewerber für die Lehre oder nur für die Forschung eingestellt werden soll. Denn nur das entspricht der in der Verfassung in Art. 5 Abs. 3 des Grundgesetzes getroffenen Unterscheidung.

Das Gericht und die Krise

Die Vorfragen sind nun geklärt. Der Sachverhalt ist dargestellt und auch die juristisch-dogmatische Argumentation des Verwaltungsgerichts. Wir kommen zum eigentlichen Thema.

Das Verwaltungsgericht hat nicht differenzieren wollen, weder zwischen Beamten und Angestellten, noch zwischen Forschung und Lehre. Es hat seine Ablehnung der Erwägungen des Oberverwaltungsgerichts für die Angestellten begründet mit dem Hinweis auf die Eignung in Art. 33 Abs. 2 des Grundgesetzes und für die Forschung mit dem Hinweis auf die allgemeinen Rechte und Pflichten aus dem Dienstverhältnis, die neben der Forschungsarbeit bestehen. Wir haben gesehen, daß diese Argumentation in ihrer juristischen Dogmatik nicht zwingend ist, im Gegenteil eher die andere Haltung richtig wäre. Also muß es noch andere Gründe haben.

Derartige Gründe neben der rein juristisch-dogmatischen Argumentation gibt es meistens. Einer der Großen unter den Juristen, die sich mit methodischen Fragen beschäftigen, Josef Esser in Tübingen, spricht in diesen Fällen von »Vorverständnis«. Selten wird es offengelegt. Meistens versteckt es sich hinter der formalen juristischen Argumentation, gleichgültig, ob sie juristisch-dogmatisch gelungen ist oder nicht. Hier, im Zwischenreich zwischen Recht und Politik, fühlt sich der Jurist, zumal der deutsche, nicht wohl. Hier ist er nicht ausgebildet und kann er selten klar argumentieren. Hier verwischt sich die klare Webersche Grenze zwischen Sein und Sollen, zwischen positivem Recht und politischem Ziel. Also spricht man nicht darüber, entscheidet sich schweigend für die eine oder andere Lösung, sucht dann die juristische Argumentation und beginnt erst wieder zu sprechen, um sie zu begründen, nachdem man sie gefunden hat. Das Verwaltungsgericht Berlin hat da eine Ausnahme gemacht. Es hat seine Gründe, seine Motive genannt. Es schreibt:

»Namentlich bei Berücksichtigung politischer, sozialer oder wirtschaftlicher Krisen, deren Eintritt nie ausgeschlossen werden kann, erweist sich die Forderung nach Verfassungstreue der öffentlichen Bediensteten als notwendig (vgl. Stern a. a. O. S. 18). Dies gilt auch für die Bediensteten der Universität. Denn gerade in derartigen Situationen muß Verlaß darauf sein, daß wenigstens nicht die Universitätsbediensteten selbst innerhalb der Hochschule verfassungsfeindliche Aktivitäten entfalten, derartige Bestrebungen unterstützen oder ihrer Durchsetzung infolge einer gleichgültigen Haltung gegenüber der freiheitlich-demokratischen Grundordnung den Boden bereiten. Diese Gefahren machen deutlich, daß die Auffassung, an die Verfassungstreue seien unter der Berücksichtigung des Grundsatzes der Verhältnismäßigkeit je nach Bedeutung und konkreter Ausgestaltung des wahrzunehmenden Amtes unterschiedlich hohe Anforderungen zu stellen ... nicht vertretbar ist ...«

Es ist also die Gefahr, die Krise, deren Eintritt nie ausgeschlossen werden kann. Das Urteil ist erlassen am 19. Dezember 1974. Es hat vorher in der verwaltungsrechtlichen Literatur und Rechtsprechung eine solche Einbeziehung von möglichen Krisen nicht gegeben. Was hat das zu bedeuten?

Es ist, sehr grob gesprochen, der Einwand gegen Differenzierungsversuche des Oberverwaltungsgerichts: Das mag ja sein, daß man unterscheiden könnte. Aber es geht jetzt nicht, denn wir sind in einer Krise. In ihr kann man sich Unterscheidungen, wie sie etwa auch vom Grundgesetz gemacht werden, nicht mehr leisten. Jetzt heißt es nur noch »Alle Mann an Deck!«

Sicher, der Einwand gegen diese Deutung ist vom Gericht vorweggenommen. Es spricht von »Krisen, deren Eintritt nie ausgeschlossen werden kann«. Es sagt nicht: Wir sind jetzt in einer Krise, deshalb geht es zur Zeit nicht. Es spricht allgemein. Aber jedermann kann sich davon überzeugen, daß wir zur Zeit in einer Wirtschaftskrise leben, die leicht eine politische zur Folge haben kann. Und von Wirtschaftskrisen spricht das Verwaltungsgericht ausdrücklich. Also kann es sich auf die einschränkende Klausel – »deren Eintritt nie ausgeschlossen werden kann« – nicht berufen. Es hat geurteilt im Hinblick auf die auch von ihm für die Gegenwart festgestellte Krise. Nun ist es aber durchaus etwas anderes, ob ein Bürger, eine Partei oder eine Regierung in der allgemeinen wirtschaftlichen und politischen Diskussion die Feststellung trifft, daß wir uns in einer Krise befinden, oder ob es ein Gericht tut. Es ist auch noch etwas anderes, wenn ein deutscher Bundeskanzler immer wieder festgestellt hat: »Die Lage war noch nie so ernst.« Es kommt ein wenig schon in diese Nähe. Aber es hat noch eine andere Qualität. Denn trifft ein Gericht diese Feststellung, betrifft es das Recht. Und dieses Recht, das es dann spricht, ist Ausnahmerecht, ist Notstandsrecht. Es ruft damit allgemein den Notstand aus.

Dieser Umschlag in der Qualität von der Politik in das Recht ist nicht so sehr ein juristisches Problem, sondern vielmehr ein politisches. Es betrifft auch nicht die Kompetenz des Gerichts, wenn man etwa meinen könnte, zur juristischen Feststellung des Notstandes sei nur das Parlament oder eine Regierung und nicht ein Gericht legitimiert. Selbstverständlich ist das Verwaltungsgericht legitimiert, in dieser Form zu argumentieren. Und es ist gut, daß es wenigstens seine Gründe nennt. Denn so läßt sich der Schaden vielleicht noch wieder beheben.

Versuchen wir, seine Gründe etwas genauer zu analysieren. Das Oberverwaltungsgericht hatte gemeint, man müsse doch wohl etwa zwischen der Einstellung eines Polizeibeamten und eines Straßenbahnschaffners unterscheiden. Nein, sagt das Verwaltungsgericht, das geht nicht. Warum nicht? Das Verwaltungsgericht sagt es nicht ausdrücklich, aber wir dürfen seine Gedanken ergänzen: Weil in der Krise ein linker Schaffner genauso gefährlich ist wie ein linker Polizist, oder vielleicht sogar noch gefährlicher. Man denke an die Arbeiter im öffentlichen Dienst, also etwa an einen Arbeiter in einem Elektrizitätswerk. Was kann der alles anrichten, wenn er den Betrieb stillegt oder seine Anlagen zerstört. Also brauchen wir überall zuverlässige Leute. Linke sind überall gefährlich. Also kann man nicht unterscheiden zwischen Beamten und Angestellten und Arbeitern. Solche Unterscheidungen können wir uns jetzt nicht mehr leisten.

Die politische Bedeutung dieser Entscheidung ist also eine doppelte. Sie läßt zum einen den allgemeinen Charakter der Versuche erkennen, die politische Linke vom öffentlichen Dienst fernzuhalten, und erweist dies jedenfalls ganz eindeutig für eine Rechtsprechung, die die von der Verfassung gebotene Differenzierung ablehnt: Es ist Ausnahmerecht gegen die politische Linke.

Ausnahmerecht bedeutet, daß normalerweise geltende Regeln für Krisenzeiten außer Kraft gesetzt werden. Dieser Weg ist gefährlich. Wir sind ihn in Deutschland schon einmal gegangen. Wenn die bürgerliche Gesellschaft akut und unmittelbar in Gefahr gerät, daß das Eigentum an Produktionsmitteln aufgehoben wird, pflegt sie in totalem Umfang auf diese Krise zu reagieren. Es werden dann alle normalerweise geltenden Regeln des staatlichen und politischen Lebens außer Kraft gesetzt. Das ist die Ordnung des Faschismus. Die Entscheidung des Verwaltungsgerichts Berlin bedeutet einen ersten Schritt auf diesem Weg. Einen ersten Schritt, der ohne Zweifel nicht vergleichbar ist mit der menschenvernichtenden Maschinerie des Faschismus und mit dem freiheitsfeindlichen Zynismus der Faschisten. Niemand kann das behaupten. Und um nicht mißverstanden zu werden, sei ausdrücklich betont: Diese Entscheidung des Verwaltungsgerichts ist weder in ihrer objektiven noch in ihrer subjektiven Tendenz in irgendeiner Weise faschistisch. Die deutsche Verwaltungsgerichtsbarkeit ist im Gegenteil in ihrer Entwicklung nach dem Zweiten Weltkrieg als Reaktion gerade gegen den faschistischen Staat im ganzen eine der am besten gelungenen Errungenschaften des politischen Liberalismus der Bundesrepublik.

Aber hier ist Ausnahmerecht gegen Linke geübt worden. Ausnahmerecht ist gefährlich. Es bedeutet zum einen auch eine gewisse Krisis der Rechtsstaatlichkeit selbst, der Gleichmäßigkeit und Berechenbarkeit staatlichen Handelns. Und es ist der erste Schritt auf einem Weg, der in den totalen Ausnahmezustand führen kann, wenn sich die politischen Gegensätze dadurch verstärken sollten. Bei der zahlenmäßigen Entwicklung, die wir gegenwärtig bei den Einstellungsverweigerungen gegen die politische Linke der Bundesrepublik erleben, und bei einer Verschärfung der Rechtsprechung, wie wir sie in dieser Entscheidung sehen, und angesichts einer sich nun möglicherweise wirklich ausweitenden Wirtschaftskrise ist das nicht mehr auszuschließen. Es bleibt als eine Hoffnung, nicht nur für Sibylle Plogstedt, das Oberverwaltungsgericht Berlin. Videant iudices, ne quid detrimenti res publica capiat. Oder auf deutsch: Und er sprach zur Tochter Isis, mein Kind, wir sind in einer Krisis.

Ergänzung 1981

Dieser Bericht erschien 1975. Die Hoffnungen auf eine positive Entscheidung des Oberverwaltungsgerichts haben sich am Ende nicht erfüllt, denn im Mai 1975 erging der Grundsatzbeschluß des Bundesverfassungsgerichts zur Einstellung im öffentlichen Dienst. Er fiel schlimmer aus, als wir befürchtet hatten. Das Wort Verfassungsfeinde ist seitdem sanktioniert, und das Wort Berufsverbote eigentlich verboten. Unter anderem erschien auch wieder das Krisenargument: »Politische Treuepflicht bewährt sich in Krisenzeiten und in ernsthaften Konfliktsituationen, in denen der Staat darauf angewiesen ist, daß der Beamte Partei für ihn ergreift« (Neue Juristische Wochenschrift 1975, Seite 1642). Unterscheidungen nach der Funktion ließ das oberste Gericht also nicht zu. Damit war praktisch auch der Fall Sibylle Plogstedt entschieden. Es ging noch ein bißchen hin und her vor den Gerichten, und 1976 mußte sie die Freie Universität verlassen. – Die juristischen Probleme der Berufsverbote – und die politischen – sind ausführlich erörtert im 2. Band der Veröffentlichungen des 3. Internationalen Russell-Tribunals. Dort ist auch die weitere Literatur aufgeführt (Rotbuch Verlag, 1978).

IV. Treuepflicht in beiden deutschen Staaten

Es gibt kein amtliches Schreiben an Wolf Biermann über seine Ausbürgerung, nur eine Meldung der Nachrichtenagentur ADN. Sie ist wiedergegeben im Neuen Deutschland vom 17. November 1976. Dort heißt es: »Zur Staatsbürgerschaft gehört eine Treuepflicht gegenüber dem Staat. Das ist nicht nur in der DDR so. Biermann hat diese Treuepflicht bewußt und ständig grob verletzt. Die Konsequenzen daraus wurden entsprechend dem Staatsbürgerschaftsgesetz gezogen.« Das läßt aufhorchen, denn die Treuepflicht kennen wir nun schon. Seit über vier Jahren werden wir mit ihr gequält, seitdem sie die ständige amtliche Begründung für unsere Berufsverbote geworden ist. Sie ist im übrigen uralt.

In ihrer heutigen Anwendung bei uns, auf Bewerber für den öffentlichen Dienst und auf seine Angehörigen bedeutet sie einen Rückfall in obrigkeitsstaatliches Denken, das auf vordemokratische und vorindustrielle Verhältnisse im Absolutismus zurückgeht.

So heißt es schon im Preußischen Allgemeinen Landrecht von 1974, die Beamten seien dem König »besondere Treue und Gehorsam schuldig«. Bis zur Weimarer Republik sind dann liberale Beamte von preußischen Königen und deutschen Kaisern mit der Begründung aus ihren Ämtern geworfen worden, sie hätten ihre Treuepflicht verletzt. 1933 wurde in § 4 des Gesetzes zur Wiederherstellung des Berufsbeamtentums dann neu formuliert: »Beamte, die nach ihrer bisherigen politischen Betätigung nicht die Gewähr dafür bieten, daß sie jederzeit rückhaltlos für den nationalen Staat eintreten, können aus dem Dienst entlassen werden.« Und im direkten Anschluß daran wurde § 7 des Bundesbeamtengesetzes von 1953 das Vorbild für alle folgenden Beamtengesetze bei uns: »In das Beamtenverhältnis darf nur berufen werden, wer die Gewähr dafür bietet, daß er jederzeit für die freiheitliche demokratische Grundordnung im Sinne des Grundgesetzes eintritt.«

Diese Vorschrift mit dieser Formulierung der Treuepflicht ist heute die Grundlage der gesamten Praxis der Berufsverbote der Bundesrepublik geworden. Dabei ist diese Treuepflicht auch heute im Grunde immer noch die preußisch-konservative, monarchische, sehr persönlich auf den Herrscher bezogene Loyalität, die damals ja auch bei jedem Thronwechsel jeweils mit einem neuen Eid neu erklärt werden mußte. Sie ist obrigkeitsstaatlich, vorindustriell, undemokratisch. Mit ihr schlagen wir uns seit mehr als vier Jahren herum. Es ist immer schlimmer geworden. Die Praxis hat sich immer weiter ausgebreitet.

Und nun kommt die DDR und übertrumpft uns darin noch. Nicht nur jeder Beamte, auch jeder Staatsbürger hat dort eine Treuepflicht gegenüber dem Staat. Wenn er sie verletzt, wird er ausgebürgert. Das zeigt zweierlei.

Es zeigt einmal, was uns hier noch alles blüht, was man bei uns noch alles mit der Treuepflicht machen kann. Man beruhige sich dabei nicht mit Artikel 16 des Grundgesetzes, in dem es heißt, die deutsche Staatsangehörigkeit dürfe nicht entzogen werden. Denn nicht nur im alten Kaiserreich wurde von Paul Laband schon die Meinung vertreten, aus der Staatsangehörigkeit ergäbe sich eine Treuepflicht für jeden gegenüber dem Kaiser. Auch heute noch wird etwa von Theodor Maunz in seinem großen Kommentar zum Grundgesetz gesagt: »Es liegt kein Grund vor, das allgemeine Treueverhältnis des Staatsangehörigen als nicht mehr zeitgemäß anzusehen.« Und es hat in diesem Zusammenhang schon einmal eine ausdrückliche Anordnung des Grundgesetzes gegeben, die mit der Treuepflicht weginterpretiert worden ist. Ich meine den Artikel 21 Absatz 2 des Grundgesetzes mit seinem Parteienprivileg, das besagt, die Verfassungswidrigkeit von Parteien dürfe nur vom Bundesverfassungsgericht festgestellt werden. In seinem Beschluß vom 22. Mai 1975 hat dieses Gericht ja nun selbst bestätigt, daß das dann nicht gilt, wenn es um die Mitgliedschaft in angeblich verfassungswidrigen Parteien und die Anstellung im öffentlichen Dienst, also um die Treuepflicht geht. »Treuepflicht geht vor Parteienprivileg«, hatte die Verwaltung seit langem behauptet und ihre Berufsverbotspraxis im wesentlichen damit begründet. Das Bundesverfassungsgericht hat das bestätigt. Warum soll nicht eines Tages – vielleicht im Hinblick auf verfassungswidrige Parteien – auch bei uns der Satz gelten »Treuepflicht geht vor Ausbürgerungsverbot«? Sollen wir heute nicht ahnen dürfen, was übermorgen »zeitgemäß« ist? Das ist das erste, was wir aus dieser Maßnahme der DDR lernen können.

Das andere betrifft die DDR. Wir sehen, wie weit sie uns schon in der Steigerung der Berufsverbotspraxis voraus ist. Ihre Berufung auf die Treuepflicht ist nicht nur eine Provokation für alle Linken in der Bundesrepublik, die sich nun seit Jahren hier mit den Berufsverboten herumschlagen. Die Steigerung, die in der Ausdehnung der Treuepflicht auf jedermann liegt, zeigt, wie weit man uns dort drüben in obrigkeitsstaatlichem, vordemokratischem, freiheitsfeindlichem Denken voraus ist. Der Staat, der die Treuepflicht fordern kann, ist die absolute Größe, die absolutistische Pflichterfüllung verlangt. Das ist die Diktatur des Sekretariats. Und wir dürfen nun mit Fug und Recht von der DKP verlangen, daß sie sich von dieser Praxis distanziert, nachdem wir jahrelang die Berufsverbotspraxis gegenüber ihren Mitgliedern bekämpft haben. Wie will sie hier anders glaubwürdig bleiben?

Wolf Biermann meint, er könne in der DDR gegen diese Maßnahme gerichtlich vorgehen. Ich gebe ihm keine große Chance. Auch bei uns sind die Berufsverbote unter Hinweis auf die Treuepflicht vom höchsten Gericht für rechtmäßig erklärt worden, obwohl jeder Laie mit einem Blick in das Grundgesetz aus dem geschriebenen Recht das Gegenteil herauslesen muß. Für die DDR kommt noch eines erschwerend hinzu. Es gibt noch nicht einmal, wie bei uns, eine Verwaltungs- oder Verfassungsgerichtsbarkeit. Das zeigt sehr deutlich die stark autoritäre Struktur dieses Staates, der sich nicht gerichtlich – sondern, wie er sagt: nur politisch – kontrollieren lassen will. Es gibt keinen verwaltungsgerichtlichen Schutz für den einzelnen. Nach dem kurzen Zwischenspiel der Beschwerdeausschüsse bei den örtlichen Volksvertretungen, die fünf Jahre existierten, von 1969 bis 1974, und die etwa die Funktion unserer Verwaltungsgerichte hatten, sind auch diese abgeschafft worden, und es bleibt Wolf Biermann jetzt nur noch die Möglichkeit einer einfachen Beschwerde, einer »Eingabe«, wie es dort heißt, bei der Verwaltung, über die von der Verwaltung selbst entschieden wird. Das ist dasselbe wie unsere Dienstaufsichtsbeschwerde, von der ein alter Juristenspruch sagt, sie sei form-, frist- und fruchtlos.

Im übrigen sind von der DDR nach ihrem eigenen Recht tatsächlich juristische Fehler gemacht worden. In der ADN-Meldung heißt es: »Die zuständigen Behörden der DDR haben Wolf Biermann das Recht auf weiteren Aufenthalt in der Deutschen Demokratischen Republik entzogen.« Die Entscheidung sei nach § 13 des Staatsbürgerschaftsgesetzes ergangen. Danach ist die Aberkennung der Staatsbürgerschaft bei »grober Verletzung der staatsbürgerlichen Pflichten« möglich, aber, muß man sagen, die Entscheidung treffen nicht irgendwelche »zuständigen Behörden«, wie es in der Meldung heißt, sondern nach § 16 dieses Gesetzes ist der Ministerrat zuständig, weil es eben eine sehr weitreichende und einschneidende Maßnahme ist. Der Ministerrat hat aber, wie wir wissen, gar nicht getagt. Das ist der erste juristische Fehler, der sich allerdings ausbügeln läßt, wenn der Ministerrat nachträglich einen entsprechenden Beschluß faßt. Vielleicht, hier liegt eine ganz kleine Hoffnung, überlegt er es sich ja noch einmal. Der andere Fehler wiegt schwerer. Nach § 13 kann die Staatsbürgerschaft nur gegenüber Bürgern aberkannt werden, die, wie es heißt, »ihren Wohnsitz oder Aufenthalt außerhalb der Deutschen Demokratischen Republik haben«. Wolf Biermann hat sich nun tatsächlich in der Bundesrepublik aufgehalten, nicht in der DDR. Aber er hatte ein gültiges Visum, war wenige Tage hier, wollte in wenigen Tagen zurückkehren. Der Sinn dieser Bestimmung des § 13, »Wohnsitz oder Aufenthalt«, kann doch nur sein, solche Bürger schutzlos zu stellen, die sich längere Zeit nicht in der DDR aufgehalten haben, also solche, die ihren Wohnsitz nicht mehr dort haben oder aber, obwohl sie noch einen offiziellen Wohnsitz in der DDR haben, nicht mehr dort wohnen. Deshalb die Ergänzung »Aufenthalt«, womit nur der längere, wohnsitzartige gemeint sein kann, nicht der von wenigen Tagen. Das sind die beiden juristischen Fehler. Aber wer wird sie korrigieren, wo es noch nicht einmal Verwaltungsgerichte dort drüben gibt?

Was lernen wir aus dieser Lektion der DDR über die Treuepflicht? Wir lernen, daß sie gefährlich ist, hüben wie drüben, gefährlich für die Freiheit in jeder Gesellschaft, sei es eine absolutistische, sozialistische oder eine kapitalistische, gleichgültig ob es eine Pflicht zur Treue gegenüber einem König, einem Kaiser, einem sozialistischen Staat oder einer freiheitlichen demokratischen Grundordnung ist. Schaffen wir einen deutschen Sozialismus ohne Treuepflicht gegen den Staat. Und wünschen wir Wolf Biermann, daß er in diesem Sinne weiterhin nur sich selber treu bleibt.

V. Ein Artikel im Kursbuch und ein ganz normales Berufsverbot

Klaus Eschen ist Anwalt in Berlin. Er ist ein linker Anwalt, wie man so sagt, jedenfalls einer von den vielen, denen man heute auf den Fersen ist. Anlässe finden sich immer. Der Anlaß für Maßnahmen gegen ihn ist allerdings ein wenig ungewöhnlich. Es ist ein Artikel, den er vor einiger Zeit im *Kursbuch* veröffentlicht hat.

Im *Kursbuch 40,* über Berufe, jeder kann sich selbst überzeugen, hat er seine Erfahrungen als linker Anwalt beschrieben und versucht, aus seiner Sicht, aufgrund seiner eigenen Arbeit die Frage zu beantworten, ob für einen Linken dieser Beruf noch sinnvoll ist. Er hat den Artikel geschrieben für diejenigen, die sich als Linke begreifen und eben vor dieser Frage stehen: Hat es überhaupt noch einen Sinn, Anwalt zu werden, wenn man etwas verändern will? Ist man nicht von vornherein in alle Zwänge einer »Klassenjustiz« eingebunden, die jede andere Bewegung unmöglich machen? Er hat, wenn ich ihn richtig verstehe, gemeint, daß es noch genug Möglichkeiten gebe, auch eigene Vorstellungen in diesem Beruf zu verwirklichen. Und er hat das ganze geschrieben in einer Sprache, von der er meinte, daß diejenigen, zu denen er spricht, sie auch verstehen.

Wie es so geht, ist dieser Artikel nun auch von einigen gelesen worden, an die er sich nicht gewendet hatte. Und sie haben die Sprache nicht verstanden, und auch nicht, was er in ihr gesagt hat. Empörenderweise kam übrigens tatsächlich das Wort »Revolutionär« in diesem Artikel vor. Und so begannen die Maßnahmen gegen Rechtsanwalt Eschen mit einem Verfahren vor dem Berliner Ehrengericht für Rechtsanwälte. Der anklagende Staatsanwalt blieb bei seiner schlechten Meinung. Das Gericht ließ sich mehr oder weniger überzeugen. Jedenfalls wurde Klaus Eschen von dem Vorwurf freigesprochen, er habe seine Pflichten als Anwalt verletzt. Die Staatsanwaltschaft blieb bei ihrem Vorwurf und ging in die Berufung. Aber auch der Ehrengerichtshof beim Kammergericht in Berlin, die zweite Instanz, bestätigte den Freispruch. Die Revision gegen dieses Urteil wurde nicht zugelassen.

Gegen diese zusätzliche Entscheidung der Nichtzulassung der

Revision, nämlich daß ein weiteres Rechtsmittel nicht mehr eingelegt werden könne, gab es noch eine Möglichkeit. Die Staatsanwaltschaft konnte beim Bundesgerichtshof dagegen Beschwerde einlegen. Sie tat es. Im Dezember letzten Jahres erging die Entscheidung. Das allgemeine Klima hatte sich noch weiter verschlechtert. Buback war inzwischen ermordet worden und Jürgen Ponto und Schleyer und seine Begleiter. Mogadischu hatte den Herbst in Deutschland gefärbt und drei Stammheimer Gefangene waren beerdigt worden. Die Zeiten wurden schlechter für Linke im Lande. Der Bundesgerichtshof entschied, daß die Revision gegen den Freispruch des Berliner Ehrengerichtshofes zugelassen werde. Und die Staatsanwaltschaft legte Revision ein. Wie es weitergeht, kann man sich denken. Der Bundesgerichtshof wird den Freispruch aufheben. Um Mißverständnissen vorzubeugen: Mit einem Berufsverbot hat das alles noch nichts zu tun und wird es voraussichtlich auch nichts zu tun haben. Es wird eine leichtere Disziplinarstrafe sein.

Das Berufsverbot kam, als Klaus Eschen seine Zulassung als Notar beantragte. Wenn man einige Zeit als Anwalt gearbeitet hat, steht einem dieses Recht zu. Er beantragte also seine Zulassung als Notar beim Berliner Senator für Justiz, und der Senator lehnte ab. Das ist das Berufsverbot, über das hier zu berichten ist. Im Grunde ist es ein ganz normales Berufsverbot. Es hat schon viele gegeben, und in Zukunft werden es noch mehr sein. An diesem ist allerdings zweierlei bemerkenswert, nämlich zum einen die Begründung und zum anderen, nebenbei eben doch, die Person des Senators. Jürgen Baumann, Professor des Strafrechts, ist eigentlich eine jener wirklich liberalen Gestalten in seinem Fach. Und die Deformierung des deutschen Strafrechts, die Entliberalisierung unseres gesamten Rechts überhaupt, spiegelt sich nun wieder auch in seiner Person. Sicherlich hätte er es sich als Professor in Tübingen nicht träumen lassen, daß er einmal als Senator in Berlin, und zwar mit Schreiben vom 12. Oktober 1977, dem sehr geehrten Herrn Rechtsanwalt mitteilen würde, er könne seinem Antrag auf Bestellung zum Notar nicht entsprechen, weil er einen Artikel im *Kursbuch* geschrieben habe. Selbst der alte König Friedrich von Preußen war noch der Meinung, die er, der Senator, sicherlich kennt und schätzt, daß Gazetten, so sie interessant sein sollen, nicht geniert werden müssen. Aber Jürgen Baumann macht es jetzt anders.

Wie er in seinem Schreiben weiter bemerkt, sind nach der Bundesnotarordnung nur solche Bewerber zugelassen, »die nach ihrer Persönlichkeit und ihren Leistungen für das Amt eines Notars geeignet sind«. Und das Amt eines Notars steht, wie Jürgen Baumann nun ohne die Notarordnung weiter ausführt, dem öffentlichen Dienst sehr nahe. Ein Notar ist zu beurteilen wie ein Beamter, sagt er. Und ein Beamter, das weiß heute jeder, muß immer bereit sein, für die freiheitliche demokratische Grundordnung einzutreten. Das aber habe Rechtsanwalt Eschen in seinem *Kursbuch*-Artikel nicht getan. So ist das eben. Klaus Eschen hat gegen diese Ablehnung Klage erhoben und die erste Instanz auch schon verloren.

Man kann aus diesem Fall zweierlei lernen. Einmal ist er eine weitere Landmarke auf der Karte der ständigen Ausweitung der Berufsverbote. Die Nadeln auf der Karte vermehren sich, häufen sich zwar noch im Zentrum, aber einige werden immer weiter draußen gesteckt. Ziemlich weit draußen steckt nun die Nadel mit dem Kopf von Klaus Eschen. Das ist eine der Parallelen zur Entwicklung in den Vereinigten Staaten unter Truman und Eisenhower, die man allgemein mit dem Namen des Senators MacCarthy verbindet: die ständige Ausweitung einmal der Begründungen und zum anderen der von dem Verbot betroffenen Berufsgruppen. Ein Notar war bisher noch nicht dran.

Noch viel schlimmer ist die allgemeine Folge für die Anwaltschaft, deren Teil die Notare sind. Nicht nur für die Anwaltschaft übrigens. Das ganze 19. Jahrhundert war ausgefüllt vom Kampf der Liberalen um die »freie Advokatur«, also darum, daß die Anwaltschaft frei wurde vom staatlichen Einfluß. Eine freie Anwaltschaft ist für die Freiheit des einzelnen so wichtig wie eine freie Presse. Die »freie Advokatur« war dann befestigt in den Justizgesetzen der siebziger Jahre des letzten Jahrhunderts. Teilweise zurückgenommen wurde sie schon mit der Kautschukformulierung vom Anwalt als »Organ der Rechtspflege«, die – als Generalklausel am Anfang der Gesetze über die Rechtsanwälte – seit den zwanziger Jahren zunehmend zu ihrer Disziplinierung durch den Staat verwendet wurde. »Organ der Rechtspflege« bedeutet immer mehr, daß der Anwalt zwar nicht die Rechte, wohl aber die Pflichten eines Beamten habe. Jetzt, mit diesem Bescheid des Liberalen Jürgen Baumann, der das alles weiß, der den Kampf im 19. Jahrhundert kennt und das Problem, wozu man in der Vergangenheit »Organ der Rechtspflege« mißbraucht hat und in Zukunft mißbrauchen kann, droht die völlige Verbeamtung der Rechtsanwaltschaft, die genauso katastrophale Folgen haben würde wie die Verstaatlichung der Presse. Und nicht nur mit diesem Bescheid. Denn die Zeit ist reif. Kaum war die Nachricht über das Berufsverbot gegen Klaus Eschen gekommen, kam eine zweite. Sie ist noch schlimmer.

Seit einiger Zeit läuft ein Ehrengerichtsverfahren gegen einen Rechtsanwalt in Augsburg, Friedrich Gildenmeier. Er soll wegen seiner Zugehörigkeit zur KPD aus der Anwaltschaft ausgeschlossen werden. Das Verfahren ist noch nicht entschieden. Das Münchner Ehrengericht, das damit in erster Instanz befaßt ist, hat das Verfahren ausgesetzt und beim Bundesverfassungsgericht angefragt, ob ein Ausschluß aus diesen Gründen überhaupt möglich ist. In seinem Vorlagebeschluß ist allerdings deutlich zu lesen, daß es selber sehr geneigt ist, Herrn Gildenmeier aus der Anwaltschaft auszuschließen. Das Verfassungsgericht hat noch nicht entschieden, aber, wie es üblich ist, entsprechende Stellungnahmen und Gutachten von beteiligten und interessierten Stellen eingeholt, also von Bundes- und Länderministerien, der Bundesrechtsanwaltskammer usw. Unter anderem ist auch der Bundesgerichtshof über seine Meinung dazu befragt worden, denn er ist das oberste Gericht für die Entscheidung in Ehrengerichtsverfahren gegen Anwälte. Der Bundesgerichtshof hat jetzt, im Februar, durch seinen Präsidenten Pfeiffer ein Gutachten erstattet, das alles in den Schatten stellt, was bisher an Verstaatlichung der Rechtsanwaltschaft geleistet worden ist. Karl Kraus sagte, wenn er jemanden kritisierte: »Das Schlimmste, das ich gegen ihn unternehmen kann: Ich zitiere ihn.« Ich zitiere den Präsidenten des Bundesgerichtshofes:

»Der Senat hält die ... Möglichkeit ... der Ausschließung aus der Rechtsanwaltschaft nicht nur für verfassungskonform, sondern im Einzelfall auch für geboten, wenn der Rechtsanwalt einer Verletzung seiner anwaltlichen Pflichten in Form des Kampfes gegen die freiheitlich-demokratische Grundordnung schuldig ist. Dies gilt auch dann, wenn der Rechtsanwalt sein Handeln als Funktionär, Mitglied oder Anhänger einer nicht verbotenen Partei nach deren parteipolitischen Zielen ausrichtet und, soweit er mit allgemein erlaubten Mitteln arbeitet, insbesondere nicht gegen die Strafgesetze verstoßen sollte. Die Vorschriften der

Art. 18 und 21 Abs. 2 GG über das Entscheidungsmonopol des Bundesverfassungsgerichts dürften dem nicht entgegenstehen. Denn das Rechtsstaatsprinzip und der Grundsatz der wehrhaften Demokratie, die als verfassungsrechtliche Leitlinien dem Grundgesetz immanent sind, lassen es geboten erscheinen, an die Verfassungstreue des Rechtsanwalts als Organ der Rechtspflege die gleichen Anforderungen zu stellen, denen auch der Richter nach Art. 33 Abs. 5 GG unterliegt.«

Art. 33 Abs. 5 des Grundgesetzes, das sei nur noch ergänzt, bekräftigt für die Bundesrepublik die hergebrachten Grundsätze des Berufsbeamtentums. Sie werden jetzt auf die Rechtsanwälte übertragen. Das ist geboten. Durch das Rechtsstaatsprinzip. Und durch den Grundsatz der wehrhaften Demokratie. Beide sind ja dem Grundgesetz immanent. So einfach ist das. Und da fällt mir nun zu Herrn Präsidenten Pfeiffer wirklich nichts mehr ein.

Ergänzung 1981

Diese Bemerkungen erschienen 1978. Das Berufsverbot gegen Klaus Eschen ist vom Bundesgerichtshof bestätigt worden. Auch der Freispruch des Berliner Ehrengerichtshofs wurde aufgehoben, das Verfahren dem Oberlandesgericht Celle übertragen, und Klaus Eschen erhielt eine leichte Disziplinarstrafe, nämlich einen Verweis. Die beiden Entscheidungen des Bundesgerichtshofes sind veröffentlicht in der Neuen Juristischen Wochenschrift 1979, S. 552 und S. 556. Kritisch dazu auch: *Sieghart Ott,* Publizistische Tätigkeit des Rechtsanwalts nach Verfassungs- und Standesrecht, in: Neue Juristische Wochenschrift 1979, S. 1146–1148. Das Verfahren gegen Friedrich Gildenmeier liegt immer noch beim Bundesverfassungsgericht. Nach der Auflösung der KPD ist es jetzt unwahrscheinlich, daß es zu einem Ausschluß aus der Rechtsanwaltschaft führen wird.

VI. Zivilrecht, Politik und Ewigkeit

Die trockene juristische Dogmatik und ihr sehr lebendiger Hintergrund

Die Bürger waren enorm geschäftig, sie entfesselten die Produktivkräfte und erkämpften sich ihre Freiheitsrechte, der mittlere Kapitalismus kam auf seine höchste Stufe, und die alten Gewalten zerbröckelten im Ansturm einer neuen Zeit, die optimistisch war und fortschrittsgläubig, auf ihre Maschinen vertraute und auf die Wissenschaft, mit dem großen Sprung nach vorn im Deutschland des 19. Jahrhunderts. Das war die Zeit, in der unser bürgerliches Recht entstand, ein neues Recht einer neuen bürgerlichen Gesellschaft. »Pandektenrecht« hieß es, nach dem Titel seiner Lehrbücher, Zusammenfassungen des alten römischen Rechts, auf das man sich schlau zu stützen wußte, weil man in diesem Land politisch noch nicht so mächtig war wie geschäftlich.

Den Franzosen war eine Revolution gelungen. Sie hatten ein Parlament, das im Code Civil schon 1804 ein nationales bürgerliches Gesetzbuch beschließen konnte. In Deutschland gab es zunächst weder einen Reichstag, noch ein einheitliches Staatsgebiet. Trotzdem wurde der Weg gefunden zu einem verhältnismäßig einheitlichen bürgerlichen Recht. Was die Franzosen politisch durchsetzen konnten, das hat man bei uns wissenschaftlich gemacht, mit Friedrich Carl von Savignys historischer Schule und dem daraus entstandenen juristischen Positivismus. Bodenständig war das Programm, treuherzig, einfach und wirksam. Recht sei etwas historisch Gewachsenes, sagte man, Produkt des in Jahrhunderten wirkenden Volksgeistes, wie die Sprache. Dafür brauche man keinen Gesetzgeber, man müsse nur hinhören, was der Geist so im Laufe der Zeiten von sich gegeben habe. Nun ja. Und da hatte der deutsche Volksgeist seit dem Ende des Mittelalters das römische Recht in sich aufgenommen, langsam und stetig, und ab und zu war etwas davon verfälscht worden, besonders durch aufklärerisches Gehabe naturrechtlicher Juristen, die ihr Ohr nicht auf die Stimme des Volkes gerichtet hatten, sondern nach der Gunst der Fürsten schielten. Aber das ließ sich schnell beheben, man brauchte ja nur das alte Recht der Römer in seiner klassischen Reinheit wieder herzustellen. Der kleine Widerspruch mit dem deutschen Volksgeist und dem römischen Recht störte nicht weiter. Man stellte also fest, was »positiv« vorhanden war, brachte es in ein wissenschaftlich-begriffliches System und hatte ein allgemeines bürgerliches Recht. Der Reichstag brauchte es später nur noch in die Sprache des Gesetzes zu bringen und mit einem »Tropfen sozialen Öles« (Otto von Gierke) zu versehen, das zu einem guten Teil dann aus dem alten deutschen Recht gekommen ist: das Bürgerliche Gesetzbuch von 1896, die große Leistung der deutschen Rechtswissenschaft des 19. Jahrhunderts.

Das Verfahren hatte einen doppelten Vorteil. Einmal konnte man unter Berufung auf die – historische – Wissenschaft ein bürgerliches Recht durchsetzen, das man ökonomisch brauchte, ein Recht, in dem die alten Schranken für die egoistische Beweglichkeit des Einzelnen beseitigt wurden, das dem freien Willen freier Rechtspersonen juristische Geltung verschaffte, mit ungebundenem Privateigentum und freien Verträgen: die Freiheit eines freien Fuchses in einem freien Hühnerstall (Roger Garaudy). Zum anderen erhielt man dafür die historischen Weihen des klassischen Altertums, einer Jahrtausende alten Geschichte, der Ewigkeit. So war es, so ist es, so wird es immer sein. Und mit dem Volksgeist Herders kam auch noch ein wenig Poesie ins Recht, die zarte Melodie des stillen Wirkens. Wer konnte da noch widersprechen? Einer der Besten, die dem Pandektenrecht seine hohe wissenschaftliche Geltung verschafften, Rudolf von Ihering, der viel genauer als die anderen das Problem der Veränderung sah, hat aber doch wieder den Satz geschrieben (Ihering 1953.62):

»Die wahre Poesie des Rechts liegt in der Erhabenheit seines Problems und in seiner an Majestät und Gesetzmäßigkeit dem Lauf der Gestirne vergleichbaren Bewegung.«

Die Sterne. Sie bewegen sich exakt, sind ewig und erhaben. Wenn Juristen heute über Recht nachdenken, und es nicht nur anwenden, dann summt und brummt es meistens noch genauso, zur Beruhigung der Gemüter, die Ende der sechziger Jahre ganz schön aus der Fassung geraten waren, als die Studenten frech Methodisches in Frage stellten. Plötzlich gab es welche, die behaupteten, es gäbe Zusammenhänge zwischen Politik und Recht, das Recht sei im wesentlichen nichts anderes als Politik, und seine Anwendung schon gerade. Ein Buch ging durch die

Hörsäle der juristischen Fakultäten, in dem das auch noch von professoraler Seite bestätigt wurde, Rudolf Wiethölters Funk-Kolleg in der Fischer Bücherei, das 1968 erschienen ist und damals eines der meist gelesenen rechtswissenschaftlichen Werke war. Die aufgeregten Diskussionen versandeten mit dem Ende der Studentenbewegung. Es wurde wieder ruhig in den Hörsälen, man wußte nun zwar, daß Recht auch etwas mit Politik zu tun hat, und war auch bereit, das klar zu sagen, aber die Rechtswissenschaft selbst sollte frei bleiben von solchen politischen Verwicklungen, denn Wissenschaft und Politik seien grundsätzlich zu trennen. Die Ewigkeit kam wieder stärker in den Blick, besonders im Zivilrecht, von dem hier die Rede sein soll.

Daß es ein politische Strafrecht gibt, ist allgemein bekannt. Im öffentlichen Recht des Staates, seiner Verwaltung und ihres Verhältnisses zum Bürger ist Politisches kaum zu übersehen. Aber im Zivilrecht, dem Recht der Bürger untereinander, mit Kauf und Verkauf, Miete und Arbeitsvertrag, Eigentum und Besitz, Darlehen, Pfand, Ehe und Familie, Erbschaft und Vermächtnis, was soll da viel Politisches sein? Das hat es immer gegeben, bei Griechen und Römern, in Byzanz und im Mittelalter, vom Beginn der Neuzeit bis zu uns, im Kaiserreich, in der Weimarer Republik, im Faschismus, heute. So viele verschiedene politische Systeme mit mannigfachen ökonomischen Veränderungen. Und im wesentlichen immer das gleiche Zivilrecht. Wo sollen da engere Zusammenhänge bestehen? Es gibt eine ewige »Wiederkehr von Rechtsfiguren« (Theo Mayer-Maly 1971), wie die der Sterne in immer gleicher Gestalt, eigenständig, zeitlos, unwandelbar.

Manches ist auch geblieben an Widerborstigem, das nicht so gut hineinpaßt in diesen Ewigkeitszug, selbst im Zivilrecht. Die Zeitschrift ist geblieben, um die die juristische Linke sich formierte in den sechziger Jahren, die »Kritische Justiz«. Es gibt sogar ein fast linksliberales Lehrbuch, das vorsichtig und gut bisweilen etwas sagt über das, was problematisch dahinter steht, wo vordergründig ewige Rechtsfiguren wiederkehren (Esser, Schmidt, Weyers 1975, 1977). Seit 1979 erscheint ein »Alternativkommentar« zum Bürgerlichen Gesetzbuch mit ähnlichen Versuchen (Wassermann 1979, 1980). Und ab und zu sieht man in der unübersehbaren Flut konventioneller juristischer Aufsätze die eine oder andere Schrift, die gegen den Strom schwimmt (z. B.

Gerlach 1978, 1980; Limbach 1980). Aber ist das die von Rudolf Wiethölter geforderte kritische Rechtswissenschaft? Der die »Entzauberung« gelang, wie er es nannte? Die Antwort lautet: Nein. Die Entzauberung zivilrechtlicher Dogmatik ist nur in Ansätzen gelungen. Wir leben immer noch im Zeitalter der juristischen Magie, unter Gauklern und Seiltänzern. Die Entmythologisierung blieb unerfülltes Programm.

Immerhin, man spricht darüber, auch in konventionellen Lehrbüchern. Das hat es vor den sechziger Jahren nicht gegeben. Auf welchem Stand der Diskussion man heute im allgemeinen angekommen ist, zeigt eines der erfolgreichen Einführungsbücher in das Zivilrecht (Schwab 1980). Es hat ein eigenes Kapitel dazu, »Zivilrecht und politisches System«. Daß das Zivilrecht vom politischen System abhängt, heißt es dort, sei eine bare Selbstverständlichkeit. Aber Unterschiede im politischen System bedingen keinesfalls eine völlige Verschiedenheit im Zivilrecht, denn seine wichtigsten Institutionen, wie etwa das Darlehen, seien über Jahrtausende hinweg unter den verschiedensten politischen Bedingungen gleich geblieben. Warum? »Es liegt dies unter anderem daran, daß die politischen Systeme, so unterschiedlich sie sein mögen, auf die Wirklichkeit desselben Menschen treffen.« Verschiedenheiten im Regelungsmechanismus ergäben sich auch nicht so sehr aus politischen, sondern entweder aus zivilisatorischen Veränderungen, also aus der Art der Rechtssprache und ihres Abstraktionsgrades, dem Vorhandensein in einer Schriftkultur und so weiter, oder aus technischen Neuerungen, der Entwicklung des Maschinenzeitalters mit seinen neuartigen Unfallrisiken zum Beispiel (Schwab 1980.31–34). – Tausende von Studenten lesen das. Ob sie es auch glauben? Wahrscheinlich, denn etwas anderes hören sie kaum.

Der hohe Abstraktionsgrad unserer Rechtssprache. Das hat man sich so vorzustellen, daß am Anfang der Entwicklung menschlichen Denkens das Vorstellungsvermögen noch sehr konkret mit Natur und Gesellschaft verbunden ist. Eine Eiche ist eine Eiche. Eine Birke ist eine Birke. Später erst entwickelt sich der Oberbegriff Baum, dann spricht man schließlich von der Pflanzenwelt und, als höchstes Abstraktum für Fauna und Flora, Natur. Und so ist es auch im gesellschaftlichen Bereich und in der Sprache der Juristen. Im Laufe der Jahrhunderte verbesserte sich menschliche Erkenntnis, vermehrt sich unser Wissen, die Zusammenhänge werden komplizierter, die Abstraktion in der Sprache nimmt zu. Damit verbessern sich auch die Möglichkeiten der Juristensprache und, muß man wohl ergänzen?, die Gerechtigkeit nimmt zu. Abstraktion ist gut. So lernt man das.

Es ist tatsächlich so, und das lernen die Studenten auch, daß die Abstraktion in unserem bürgerlichen Recht eine große Rolle spielt. Es ist ein System mit vielen Oberbegriffen und Unterbegriffen, mit allgemeinen Aussagen über verschiedene Regelungszusammenhänge. Es gibt zum Beispiel allgemeine Regeln über den Abschluß von Verträgen, die dafür erforderliche Geschäftsfähigkeit, den Irrtum und die Unwirksamkeit von Vereinbarungen, unabhängig von den einzelnen Regelungen für die einzelnen Verträge. Sie gelten für den Kauf, die Miete, das Darlehen und den Arbeitsvertrag in gleicher Weise, sind unabhängig vom einzelnen Vertragstyp, losgelöst, abstrakt. Das Bürgerliche Gesetzbuch hat fünf Bücher. Das erste ist der Allgemeine Teil, das zweite das Schuldrecht, im wesentlichen das Recht der Verträge und des Schadensersatzes, das dritte Buch behandelt das Sachenrecht, also Eigentum und Besitz, Pfandrecht und Hypothek, und das vierte und fünfte Buch das Familien- und Erbrecht. Wichtig ist hier das erste Buch, der Allgemeine Teil. Er gibt die allgemeinen Regeln, die für die anderen vier Bücher sozusagen vor die Klammer gezogen sind, vorweg aufgestellt, unabhängig vom besonderen Problem, abstrakt. Im römischen Recht gab es ihn noch nicht. Er ist eine Erfindung der bürgerlichen Gesellschaft, am Ende des achtzehnten Jahrhunderts und zu Beginn des neunzehnten, zuerst entworfen von Gustav Hugo, Arnold Heise und Friedrich Carl von Savigny. Man war sehr stolz darauf. Er galt als eine der großen wissenschaftlichen Errungenschaften des Pandektenrechts. Heute zweifelt man manchmal an seiner Zweckmäßigkeit, weil es einige technische Schwierigkeiten gibt. Jedoch die Zustimmung überwiegt. Außerdem ist er Gesetz geworden. Und so beginnt fast jeder Jurastudent sein Studium im ersten Semester mit einer Vorlesung über den Allgemeinen Teil des Bürgerlichen Gesetzbuches.

Allgemeiner Teil, allgemeiner Begriff, Abstraktion. Das ist dasselbe. Man lernt das auch im ersten Semester. Was man nicht lernt ist, daß hier durchaus nichts Selbstverständliches passiert, das politisch harmlos wäre und nur Verbesserung menschlicher Erkenntnis oder allmähliche Entwicklung einer abstrakten Juristensprache. Oh nein. Es gibt mehr Ding im Himmel und auf Erden, als unsere Schulweisheit sich träumen läßt, Horatio. »Gut«, antwortete Georg Christoph Lichtenberg dem Prinzen Hamlet »aber dafür stehen auch wieder eine Menge von Dingen in unseren Compendiis, wovon weder im Himmel noch auf Erden etwas vorkömmt.« Und so ist es mit dem Allgemeinen Teil. Allgemeinheit des Begriffs bedeutet allgemeine Gleichbehandlung einer Vielzahl von Lebensvorgängen, Absehen von Besonderheiten, und auf seiner höchsten Stufe, die mit der Abstraktion des Pandektenrechts und des Bürgerlichen Gesetzbuches erreicht ist: die rechtliche Gleichheit aller Menschen. Das war auf der einen Seite ein großer Fortschritt, auf der anderen ein Rückfall in die Barbarei, weil die tatsächliche Gleichheit, die sie ergänzen muß, soll es gerecht funkionieren, vielleicht im Himmel, auf Erden aber bisher nicht vorkömmt.

Es hat sich da in den letzten hundert Jahren manches geändert, vieles ist besser geworden, diese Barbarei im Zivilrecht eingeschränkt, aber das Prinzip ist immer noch das gleiche. Wenn ein Vermieter und ein Mieter heute einen Vertrag schließen, dann sind sie nach den Regeln unseres Zivilrechts beim Abschluß dieses Mietvertrages und in der Vereinbarung seines Inhalts beide ohne Unterschied gleich und frei. Der Wille des einen ist juristisch genauso richtig und wichtig wie der des anderen. Für den Vertrag müssen die beiden Willen nur im Ergebnis übereinstimmen, und das ganze muß auch gegenseitig zum Ausdruck gebracht werden. Ist das geschehen, dann ist der Vertrag juristisch wirksam zustande gekommen, weil der freie Wille von freien und gleichen Menschen nicht nur politisch das elementare Prinzip unserer freiheitlichen demokratischen Grundordnung, sondern auch juristisch die Grundlage unseres Privatrechts ist. Dahinter steht die Vorstellung, daß soziale Gerechtigkeit sich am besten einstellt, wenn man die Menschen alles selbst aushandeln läßt und ihnen nicht zu viele Vorschriften macht. Eine Vorstellung, die möglicherweise sogar richtig sein könnte, wenn die Menschen tatsächlich gleich wären. Dann könnte nämlich der Mieter auf unverschämte Forderungen des Vermieters mit dem freundlichen Hinweis auf die selbstregulierenden Kräfte des Marktes antworten und sich einen anderen Vermieter suchen, der ihm bessere Bedingungen stellt, oder, falls er keinen findet, sein eigenes Kapital nehmen und sich selbst ein Haus bauen. Solange die einen aber finanziell stark und die anderen schwach sind, diktiert der eine dem anderen die Bedingungen, kann von einem freien Willen zumindest bei dem, dem diktiert wird, nicht die Rede sein, und wird über die formale Gleichheit die materielle Ungleichheit befestigt und verstärkt. Das ist das Problem der Vertragsfreiheit, die dieser formalen Gleichheit entspringt. Sie ist eine »furchtbare Waffe in der Hand des Starken« und ein »stumpfes Werkzeug in der Hand des Schwachen« (Otto von Gierke). Hohe Abstraktion bedeutet also oft große Unmenschlichkeit. Niemand hat das so eindringlich beschrieben wie Ernst Bloch. Nur wird er von Juristen selten gelesen. »Naturrecht und menschliche Würde« (1972.157 f.):

»Nun blühte allerdings das ganze neunzehnte Jahrhundert hindurch und etwas darüber hinaus genau an dieser Stelle ein Begriff, der, obgleich ebenfalls formal durchaus, scheinbar inhaltlich, sogar normierend-inhaltlich dreinsah; der Begriff des Rechtsstaates für arm und reich. Der Liberalismus ist vom Preis dieser Wortverbindung erfüllt; teils wurde sie dem Polizeistaat, teils der alten Privilegien- und Ständeordnung entgegengesetzt. Formale und nur formale Gleichheit aller vor dem Staatsgesetz ist hier das Schibboleth; denn der Kapitalismus war zu seiner Durchsetzung an einer sich auf alles gleich ausbreitenden Allgemeinheit der rechtlichen Regelung interessiert. Der Kapitalismus war selbstverständlich genauso an der verläßlichen Formulierung und Sicherung seiner Rechtsbestimmungen interessiert (bezeichnenderweise ist das Wechselrecht das strengste); die Kalkulierbarkeit verlangt vor allem, daß kein Privilegienrecht feudaler oder sonstiger Art sie unterbricht. Generalität des Gesetzes war so in der Tat eine ursprünglich revolutionäre, bürgerlich progressive Forderung, ein humaner Vorstoß durchaus, zuletzt noch bei Rousseau und vorher eine wesentliche Bestimmtheit des klassischen Naturrechts. Doch in der Folge freilich, indem sich die juristische Gleichheit über ungebrochener Ungleichheit des Eigentums erhob, diente sie im bourgeoisen Rechtsstaat lediglich dazu, die Privilegien seiner herrschenden Klasse hinter einer abstrakten Halbheit zu verstecken. Dem entspricht, daß der bourgeoise Rechtsstaat, der nach innen seinen Unterdrückungsapparat und Klassencharakter oft züchtig-allgemein zu verdecken bestrebt war, in seiner anderen Gestalt, nämlich außenpolitisch, ungehemmt gewalthaft auftrat. Die gleiche freie Konkurrenz, auf deren Bedürfnisse die formelle Rechtsgleichheit, der Schutz der Verträge und dergleichen innerhalb des Staats bezogen waren, forderte, bis hin zur ganz anderen Generalität: den totalen Krieg, im Verhältnis zwischen den Staaten Erhaltung der kriegerischen Rechtsanarchie, mit purer Macht in der Waagschale. Vor allem aber in der kapitalistischen Innenpolitik diente und dient der Formalismus der generellen Rechtsgleichheit dazu, lange vor der Erfindung der sozialen Marktwirtschaft und immer noch neben ihr, den Staat als Geschäftsführung der herrschenden Minorität zu verschleiern. So sehr der formale Rechtsstaat noch in großem Valeurunterschied vor dem ausgebrochenen, dem diktatorisch-faschistischen Unrechtsstaat vorleuchtet, immerhin mit kodifiziertem Zustand, so deutlich ist er als formaler nur in mehr oder minder krisenfreier Zeit spätbürgerlich durchhaltbar. Bei jedem Schatten im kapitalistischen Flor, wenn innere Spannung auftritt, gar an den Rändern dieses Flors, wo er sich durch Kriegsproduktion zu stärken hat und durch ständige Kriegsdrohung auszeichnet, gibt sich der formale Rechtsstaat in seiner anderen Natur, in seiner zum Faschismus allemal möglichen. Trotz der relativen Rechtssicherheit in prosperity ist ein Rechtsstaat für arm und reich zugleich doch ein Verkleidungsstück und muß es sein, mit Faschismus zur steten Disposition, mit Amalgam aus Wandmachen und gerechter Tugend. Denn wie kein anderer ist der Begriff Rechtsstaat dazu tauglich, dem interessierten Formalismus auch noch den Anschein einer besonderen Objektivität zu verleihen, den der Unparteiischkeit und ihrer Gerechtigkeit.«

Will noch jemand behaupten, Abstraktion im Zivilrecht sei eine rein zivilisatorische Errungenschaft und hätte mit dem politischen System nichts zu tun? Und die Politik steckt hier nicht nur in den sozialen Tiefen, sondern liegt auch gerade in der Ruhe auf der Oberfläche, im Nichtgesagten, Nichtgeregelten, Stillschweigenden. Man kann es sich so schön leicht machen.

Aber nicht nur das. Abstraktion im Zivilrecht hat nicht nur politische Ursachen, sondern auch weitreichende Folgen. Regelmäßig beginnt der junge Jurist sein Studium mit einer Vorlesung über den Allgemeinen Teil. Er lernt also nicht, wie im täglichen Leben Kaufverträge, Mietverträge, Arbeitsverträge und die daraus entstehenden Konflikte zu regeln sind, sondern welche allgemeinen Prinzipien dahinter stehen. Allgemeine Grundsätze ohne Verbindung mit praktischen Problemen sind sehr unanschaulich, schwer zu begreifen, leicht zu vergessen. Das ändert sich auch im zweiten Semester nicht, denn zu allem Überfluß hat das zweite Buch des BGB, also das Vertrags- und Schadensersatzrecht, auch noch einen allgemeinen Teil. Erst im dritten Semester lernt der Student dann etwas über Kauf und Miete, Darlehen und Arbeitsvertrag. Ein Jahr lang wird er mit Abstraktem geplagt. Da man auch Abstraktes juristisch nicht losgelöst von irgendwelchen speziellen Fällen behandeln kann, die Fälle des täglichen Lebens nicht herangezogen werden können, weil ihr Regelungsmechanismus noch gar nicht bekannt ist, werden konstruierte Fälle behandelt, die lebensfremd sind, nicht nur läppisch, sondern auch langweilig. Als Ausgleich für die Langeweile gibt es dann oft neckische Namen für die im Fall auftauchenden Personen:

»Der Malermeister Klecks hatte beim Apotheker Fleck einen ›Spitzweg‹ entdeckt, dessen Schätzpreis DM 10000 betrug. Da dem Fleck das Gemälde für Geld nicht feil war, bot Klecks ihm eine chinesische Vase aus der Ming-Zeit, die einen Wert von DM 12000 besaß, zum Kauf an. Als Klecks am nächsten Tag die Vase mit dem Auto zu Fleck transportierte, verursachte er schuldhaft einen Verkehrsunfall, bei dem die Vase zu Bruch ging. Fleck weigert sich daraufhin, seinen Spitzweg herzugeben, verlangte vielmehr DM 2000 als Schadensersatz, weil er diesen Betrag bei der Durchführung des Vertrags wertmäßig erzielt hätte. Zu Recht?«

Damit beschäftigt man sich. Und Ming-Vasen sind eines der beliebtesten Beispiele in juristischen Übungsfällen. Tausende und Abertausende von ihnen sind im Laufe der Jahrzehnte in deutschen Hörsälen gehandelt worden, werden täglich noch umgesetzt und ihre Zukunft ist krisenfest, wie zu Kaiser Wilhelms Zeiten. Das hat viele Vorteile. Der Dozent erscheint im milden Licht einer kultivierten Atmosphäre, auch die Studenten wissen nicht, was sie sich darunter vorstellen sollen, und das Ganze kommt im täglichen Leben nicht vor. Das Ergebnis ist eine Sozialisation von Juristen, die sich seit dem 19. Jahrhundert nicht verändert hat. Sie werden am Beginn des Studiums eingeschüchtert, weil kein Mensch das Ganze im Zusammenhang verstehen und behalten kann. Sie langweilen sich und lernen entweder schlecht oder verbissen. Was noch schlimmer ist: Schritt für Schritt geraten sie in ein gnadenlos formales Denken. Insgesamt also eine besondere Art bethlehemitischen Kindermordes mit beträchtlichen sozialen Folgen. Schüchterne Versuche, das zu ändern, besonders im Anschluß an die Studentenrevolte der sechziger Jahre, haben sich nicht allgemein durchsetzen können.

Während sich mit der Abstraktion und dem Allgemeinen Teil nicht nur quantitative, sondern auch qualitative Veränderungen im Fundament des Zivilrechts der bürgerlichen Gesellschaft durchgesetzt haben, gibt es natürlich auch Säulen des Tempels, die im wesentlichen gleich geblieben sind, seit zweitausend Jahren. Es ist ein elementarer Bestand von fünf Rechtsinstituten, die das gesamte Gebäude des Zivilrechts noch heute tragen.

Diese fünf Elemente des Zivilrechts sind, juristisch gesprochen: Subjekt, Eigentum, Vertrag, Delikt, Familie. Eigentum und Vertrag können nur existieren, wenn es Rechtssubjekte gibt, die Eigentum haben und Verträge schließen können, also einzelne Menschen, die rechtsfähig sind, Eigentumsrecht erwerben und veräußern können. Das »Delikt« hat nichts mit strafrechtlicher Verfolgung zu tun, sondern dient dem privaten Ausgleich von Vermögensschäden durch »unerlaubte Handlungen« anderer, die daneben natürlich auch noch strafbar sein können. Aus der Kombination von Regeln über diese fünf Elemente läßt sich das ganze Zivilrecht erklären. Das Erbrecht zum Beispiel läßt sich darstellen als Kombination von Regeln des Eigentums- und des Familienrechts. Insofern hat sich tatsächlich seit der Entstehung des Zivilrechts bei Griechen und Römern bis heute nichts geändert. Und viele der Regeln sind gleich geblieben. Wie läßt sich das erklären?

Der Weg zur Lösung dieses Problems ist schon zu Beginn dieses Jahrhunderts gefunden worden, von Karl Renner, in seinem Buch »Die Rechtsinstitute des Privatrechts und ihre soziale Funktion«, 1904. Das Stichwort heißt: Funktionswandel. Auch er geht davon aus, daß die Rechtsinstitute des Zivilrechts, die Regeln zur Rechtssubjektivität, Eigentum, Vertrag und so weiter, im wesentlichen gleich geblieben sind. Er versteht sie als Bausteine, mit denen man für verschiedene politische Systeme verschiedene Gebäude errichten kann, wie man mit normalen Bausteinen einen Palast, ein Bürger- oder Bauernhaus mauern kann. Die Normen bleiben die gleichen, aber ihre Funktion verändert sich: »funktionelle Wandlung der ungewandelten Norm.« Ich will versuchen, das an einem Beispiel klarzumachen, am ersten der fünf Elemente, dem Rechtssubjekt.

München hat etwa eineinhalb Millionen Einwohner. Wieviele Rechtssubjekte sind das? Genausoviele, denn in § 1 setzt das Bürgerliche Gesetzbuch mit blumigem Auftakt ein: »Die Rechtsfähigkeit des Menschen beginnt mit der Vollendung der Geburt.« In Rom lebten zur Zeit des Augustus, am Beginn unserer Zeitrechnung ungefähr eine Million Menschen. Wieviele Rechtssubjekte? Nun, erst einmal waren die Hälfte Sklaven, Menschen, die von den Römern nicht als Subjekte, sondern als Objekte, als Sachen angesehen wurden, die zum Eigentum gehören, wie das Vieh, ein Haus oder Geräte. Von der restlichen halben Million waren mindestens drei Viertel sogenannte Hauskinder, die ebenfalls nicht rechtsfähig gewesen sind. Sie standen unter der »Gewalt«, der Bevormundung, der Herrschaft des Familienoberhaupts, des Paterfamilias. Ihm gehörte das gesamte Eigentum, er bestimmte auch über das persönliche Schicksal seiner Kinder und Kindeskinder bis zu seinem Lebensende. Erst mit seinem Tode wurden sie eigene Rechtssubjekte, sui iuris, sagten die Römer. Und das konnte sehr lange dauern. Wenn der Alte mit siebzig oder achtzig starb, konnten seine Töchter und Söhne schon fünfzig Jahre alt und noch immer nicht rechtsfähig sein, kein eigenes Vermögen haben. Viele Römer gab es, die in höchsten Staatsämtern waren, Konsuln, Prätoren, Senatoren, aber nicht rechtsfähig, nicht Rechtssubjekte, sondern in vielfältiger Weise, zum Teil stärker, zum Teil schwächer, unter der Herrschaft ihres Vaters standen. Von der halben Million bleiben also ungefähr einhunderttausend Rechtssubjekte. Wahrscheinlich waren es eher weniger. Von einer Million Einwohner also nur jeder Zehnte. Vergleicht man das mit unserer heutigen Situation, dann ist selbstverständlich, daß das nicht nur ein quantitativer Unterschied ist, sondern auch eine andere Qualität in den Beziehungen der Menschen untereinander bedeuten muß. Während bei uns die Rechtssubjektivität die Funktion der allgemeinen Gleichheit hat, hatte sie bei den Römern in erster Linie die der Ungleichheit und der unmittelbaren Herrschaft von Menschen über Menschen. Das gesamte Privatrecht fand im übrigen nur in diesem Zehntel der Einwohner Roms statt, hatte also eine völlig andere Funktion. Und insofern ist es Augenwischerei, wenn Theo Mayer-Maly die »Wiederkehr von Rechtsfiguren« im Zivilrecht beschreibt und Dieter Schwab sie damit erklärt, »daß die politischen Systeme, so unterschiedlich sie sein mögen, auf die Wirklichkeit desselben Menschen treffen.«

Auch ist es nun wahrhaftig nicht so, daß immer alles gleich geblieben sei. Wesentliches hat sich im Recht gewandelt bei wesentlichen Veränderungen in der allgemeinen politischen Landschaft, zum Beispiel im Recht des Vertrages, dem dritten Element des Zivilrechts, und zwar auch und gerade in seinen Grundlagen. Für die Römer galt noch der Satz: pacta sunt servanda, Verträge müssen eingehalten werden. Das entspricht der Anerkennung des freien Willens, der ihnen zugrundeliegt »Ein Mann, ein Wort« (Frauen im Recht? Das war schon immer ein besonderes Kapitel). So war es auch im 19. Jahrhundert. Aber dann ist es anders geworden. 1920 hatte das Reichsgericht einen Prozeß zu entscheiden, der dann als »Dampfpreisfall« berühmt geworden ist und unsere Regeln über die »Geschäftsgrundlage« begründet hat (Entscheidungen des Reichsgerichts in Zivilsachen, 100. Band, Seite 129).

1912 hatte jemand in Berlin einige Fabriketagen gemietet für einen fest vereinbarten Mietpreis, auf acht Jahre, bis 1920. Im Mietpreis von jährlich 9300 Mark war inbegriffen die Lieferung von Dampf, den der Vermieter in einem Kesselhaus für mehrere Betriebe gemeinsam herstellte, die damit ihre Maschinen betrieben. Der erste Weltkrieg kam, und die Preise stiegen, besonders nach dem Krieg. 1920 hatte der Vermieter allein für die Kohlen, die er zur Erzeugung von Dampf für diesen einen Mieter brauchte, ungefähr 90 000 Mark bezahlt, also zehnmal mehr, als er aus der Miete einnahm. Er machte einen Verlust von ungefähr tausend Prozent, wenn man seine übrigen Kosten mitberechnete. Das ging dem Reichsgericht zu weit. An sich, das ist die Folge des Willensdogmas, interessiert sich das bürgerliche Recht nicht für den Inhalt von Verträgen und dafür, ob sie für den einen oder anderen Gewinn oder Verlust bringen. Gerechtigkeit wird auf dem Markte hergestellt, durch den Ausgleich der verschiedenen Egoismen gegeneinander. Wenn der einzelne sich mal verkalkuliert, dann muß es dabei bleiben, denn sonst funktioniert das ganze System des Marktes nicht, wenn man sich nicht auf das verlassen kann, was vereinbart ist. Denn Kalkulation im Sinne von Berechenbarkeit ist seine wichtigste allgemeine Grundlage. Das hatte das Reichsgericht auch noch ein Jahr vorher erklärt, als sich jemand beim Verkauf von Zinn verrechnet hatte, weil die Einkaufspreise sich mit Kriegsbeginn vervielfachten (»Bankazinn«, Entscheidungen des Reichsgerichts in Zivilsachen, 95. Band, Seite 41). 1920 ging das nicht mehr. Die Inflation war zu stark. Das Reichsgericht gab dem Vermieter einen Nachzahlungsanspruch, der Vertragsinhalt wurde geändert, die formale Gerechtigkeit ersetzt durch eine materielle. Im nächsten Jahr gab Paul Oertmann dem ganzen einen Namen und eine Formel. Wir behandeln es auch heute noch unter der Bezeichnung des Fehlens oder des Wegfalls der »Geschäftsgrundlage«, die Vertragsänderungen oder Vertragsauflösungen ausnahmsweise rechtfertigen. Seine Formel, die bis heute von den Gerichten gebraucht wird:

»Geschäftsgrundlage ist die beim Geschäftsschluß zutage tretende und vom etwaigen Gegner in ihrer Bedeutung erkannte und nicht beanstandete Vorstellung eines Beteiligten oder die gemeinsame Vorstellung der mehreren Beteiligten, auf deren Grundlage der Geschäftswille sich aufbaut.«

In der juristischen Literatur wird die Oertmannsche Formel überwiegend abgelehnt. Die Einwände gehen gegen ihre zu stark subjektive, also auf den Willen der Parteien gerichtete Fassung. Das war eigentlich ihr großer Vorteil. Denn der subjektive Wille ist das Fundament unserer Gerechtigkeit. Man sagt aber, sie gehe damit zu weit. Die Parteien würden sich in solchen Fällen regelmäßig gar keine Gedanken über die Zukunft machen, sie hätten überhaupt keine »Vorstellungen«. Man könne ihnen also auch nicht einen entsprechenden Willen unterstellen. Im »Dampfpreisfall« ist das ganz offensichtlich. 1912 haben weder Vermieter noch Mieter an Krieg und Inflation gedacht. Deshalb wurde von anderen eine objektive Formel vorgeschlagen (Ernst Locher), zum Teil eine Kombination von objektiven und subjektiven Formulierungen (Heinrich Lehmann) oder zwischen einer objektiven und einer subjektiven Geschäftsgrundlage unterschieden (Karl Larenz), also zwischen ökonomischen Äquivalenzstörungen, wie der Inflation nach dem ersten Weltkrieg und gemeinsamen Berechnungsfehlern. Die Rechtsprechung stützt sich zwar sehr fest auf die subjektive Formel, ist aber sehr unsicher, wann sie die Verträge wegen Fehlern in der Geschäftsgrundlage ändern oder auflösen will. Die Literatur ist gespalten. Warum? Nun, das ist sehr einfach. Weil es an das Eingemachte geht. Es geht um das Dogma des Vertragsrechts, seine Geltungsgrundlage sei der freie Wille und sonst nichts. Hier, in der Lehre von der Geschäftsgrundlage, bricht plötzlich das Objektive ein in den Tempel des Subjektiven.

Es ist im übrigen ein altes Problem, das aus dem Mittelalter stammt, aus der Morallehre der kirchlichen Scholastik. Von dort kam es ins Kirchenrecht und dann zu den sogenannten Postglossatoren, zu Bartolus und Baldus, den beiden berühmten italienischen Juristen des 14. Jahrhunderts, von ihnen mit der Rezeption des römischen Rechts im 15. und 16. Jahrhundert nach Deutschland. Man nannte es die clausula rebus sic stantibus, also eine stillschweigend bei allen Verträgen vereinbarte Klausel, nach der der Vertrag nur gültig sein soll, wenn die Umstände so bleiben.

Sie weitete sich im 17. und 18. Jahrhundert aus, Grotius und Pufendorf wollten sie einschränken, aber im 18. Jahrhundert ist sie allgemein anerkannt, auch das Preußische Allgemeine Landrecht von 1794 hat sie aufgenommen (PrALR I.5 §§ 377–384). Die Wende kommt mit dem Pandektenrecht. Es erwähnt sie überhaupt nicht mehr, denn sie kommt im antiken römischen Recht nicht vor. Bernhard Windscheid versuchte zwar 1850 sie wiederzubeleben, aber bei den Beratungen zum Bürgerlichen Gesetzbuch wurde sie ausdrücklich abgelehnt, weil sie »die Sicherheit des Verkehrs gefährde« (Protokolle zum BGB, 2. Band, Seite 690 f.) Die Entwicklung läßt sich politisch sehr leicht erklären. Die materielle Wertethik des Mittelalters geht aus vom gerechten Preis, der gerecht sein muß unabhängig vom individuellen Willen der Vertragsschließenden. Deshalb wurde dort die clausula rebus sic stantibus entwickelt. Grotius mußte davon abgehen, weil im Zentrum seines Rechts schon der Vertrag steht, die freie Vereinbarung. Im 18. Jahrhundert überwiegt aber noch der sogenannte Usus Modernus, das Recht des absolutistischen Staates und seiner merkantilistischen Wirtschaftslenkung, die nach Sinn und Zweck von Vereinbarungen fragt. Hier hatte die clausula-Lehre ihren festen Platz, ebenso wie im Preußischen Allgemeinen Landrecht. Das Pandektenrecht dagegen ist das Recht der bürgerlichen Gesellschaft und ihrer Vertragsfreiheit, das BGB seine Kodifikation. Beide mußten die Klausel ablehnen. Die starken Äquivalenzstörungen nach dem ersen Weltkrieg brachten den Einbruch des Objektiven in unser Recht der Verträge. Die Klausel wurde vom Reichsgericht im »Dampfpreisfall« noch beim alten Namen genannt, dann aber von Paul Oertmann subjektiv verkleidet und mit einem neuen Namen verziert. Sie paßt hier im Grunde nicht hinein. Deshalb die vielen Unsicherheiten und Meinungsverschiedenheiten, die zunehmen werden, je stärker unsere staatliche Wirtschaftslenkung wird.

Ein zweites Beispiel, im Zusammenhang mit der Zunahme staatlicher Wirtschaftslenkung, die bei uns im ersten Weltkrieg einsetzt und bis heute immer größer geworden ist. Es handelt vom Deliktsrecht, also vom privaten Ausgleich für Vermögensschäden durch »unerlaubte Handlungen« anderer, dem dritten Element des Zivilrechts. Wichtigste Vorschrift dafür ist der § 823 des Bürgerlichen Gesetzbuches. Er lautet: »Wer vorsätzlich oder fahrlässig das Leben, den Körper, die Gesundheit, die Freiheit, das Eigentum oder ein sonstiges Recht eines anderen widerrechtlich verletzt, ist dem anderen zum Ersatze des daraus entstehenden Schadens verpflichtet.« Auch hier gibt es wesentliche Veränderungen in der Grundstruktur. Wie beim Vertragsrecht führt die Entwicklung von der formalen zur materiellen Wertethik. Man sieht das sehr deutlich an der Behandlung des »sonstigen Rechts«. Man hat es zunächst sehr zurückhaltend verstanden, »sonstig« im Sinne von »ähnlich« gedeutet und damit nur solche Rechte als verletzungsfähig angesehen, die eigentumsähnlich sind, also einer Person zustehen und gegen jedermann geschützt sind: den Namen, das Recht am eigenen Bild, Patentrechte, Urheberrechte und so weiter. Dann hat sich das Schadensersatzrecht aber immer mehr erweitert, indem man zwei sogenannte Rahmenrechte erfand und ausbaute, das Recht am eingerichteten und ausgeübten Gewerbebetrieb und das allgemeine Persönlichkeitsrecht. Sie sind in Wirklichkeit gar keine Rechte, die einer Person zustehen, sondern eine Vielzahl von Vorschriften über das Verhalten im Wirtschaftsleben und zum Schutz der Würde des Menschen und seiner Privatsphäre. Nur rechtstechnisch werden sie als Rechte behandelt, weil man so über den Wortlaut des § 823 mit seinem »sonstigen Recht« zum Schadenersatz kommen kann. Tatsächlich sind es »Bündel von Verhaltensnormen« (Ernst von Caemmerer), von Einzelvorschriften, die nicht mehr formal aus dem Eigentum oder dem Willen eines Rechtssubjekts, sozusagen von der Basis her bestimmt sind, sondern von Staats- und Rechts wegen, von ober her festgesetzt werden. Es geht heute im Schadensersatzrecht nicht mehr so sehr um Eingriffe in private Rechte, sondern um den Verstoß gegen staatliche Normen, und dahinter steht die Entwicklung vom liberalen Eigentumsdenken des 19. Jahrhunderts zum staatlich gelenkten Massenverkehr. Die Veränderungen des Deliktsrechts sind fast noch größer als die im Vertragsrecht. Sie finden sich nicht nur in der Auslegung des Begriffs »sonstiges Recht«, sondern auch in den Antworten auf die Frage, was denn überhaupt ein Schaden im Sinne des § 823 sein soll, oder wieweit ein weitergehender Schaden überhaupt einem Schädiger noch zuzurechnen ist. Diese »Wandlungen des Deliktsrechts« (Ernst von Caemmerer, 1960) haben die gleiche Struktur, nämlich den Übergang vom formalen, fast naturwissenschaftlichen Denken des 19. Jahrhunderts zur »normativen« Methode einer materiellen Wertethik, die sich wieder einmischt in das Leben der

Menschen und ihnen wieder Vorschriften macht im Namen von Staat und Recht.

Hier liegen Chancen und Probleme. Die Chance? Das normative Denken im gesamten Zivilrecht ist nämlich Auftrag von Verfassungs wegen, vorgeschrieben von Artikel 20 Absatz 1, dem Wegweiser des Grundgesetzes für staatliches Handeln. »Die Bundesrepublik Deutschland ist ein demokratischer und sozialer Bundesstaat.« Demokratisch meint: auch konkret von unten, nicht nur abstrakt von oben. Ebenso das Sozialstaatsgebot. Es ist gerichtet gegen die formale Kaltherzigkeit der Abstraktion, gegen die majestätische Gleichheit der Gesetze, die den Reichen wie den Armen verbietet, unter den Brücken zu schlafen, auf der Straße zu betteln und Brot zu stehlen. Es gibt einen wichtigen Grund, den Juristen Abstraktion und Formalismus aufzukündigen und sie hineinzudrängen in konkretes, eigenes Mitgefühl. Er steht in der Verfassung. Das ist die Chance. Problematisch bleibt, ihnen die Sicherheit zu erhalten, die sie zu verlieren meinen, wenn das vermeintlich feste Regelwerk sich auflöst und sie selbst sich einbringen müssen. Bisher haben sie gelebt im guten Gewissen der Ewigkeit. Wenn sie wirklich »normativ« denken und entscheiden, dann kommen sie auf Dauer nicht darum herum, Gründe zu nennen auf einer Skala, die politisch weit über das hinausgeht, was sie bisher gewagt haben. Dagegen stehen Tradition, verkrustete Strukturen ihrer Ausbildung, ein »Staats-Examen, Lehrbücher und Kommentare, politische Mehrheiten in den juristischen Fakultäten, in Justiz und Verwaltung, kurz: der gesamte Ewigkeitszug von Juristen als solchen. Wo ist die Lösung? In einer Politik, die das Demokratie- und Sozialstaatsgebot des Grundgesetzes besser verwirklicht als bisher, die nicht nur von oben gemacht wird, sondern von den Menschen selbst, die unruhig werden müssen und kontrollieren und diskutieren, auch im Tempel des objektiven Rechts, hineingehen, in der Schönheit des aufrechten Gangs? Denn »nicht nur der Kunst ist der Menscheit Würde in die Hand gegeben« (Ernst Bloch)? Merke: »Wir Juristen denken gründlich, aber sparsam« (ein Berliner Repetitor, im Februar 1981)

Literatur

Ernst Bloch, Naturrecht und menschliche Würde, suhrkamp taschenbuch 49/1972; *Ernst von Caemmerer,* Wandlungen des Deliktsrechts, Festschrift Deutscher Juristentag, Bd. 2 1960, Seite 49–136; *Josef Esser, Eike Schmidt,* Schuldrecht, Allgemeiner Teil, 2 Bände, 5. Aufl. 1975; *Josef Esser, Hans-Leo Weyers,* Schuldrecht Besonderer Teil, 2 Bände, 5. Aufl. 1977; *Johann Wilhelm Gerlach,* Radikalenfrage und Privatrecht, 1978; *Johann Wilhelm Gerlach,* Stromzahlungsboykott – ein sinnvolles Mittel im Kampf für Umweltschutz? Demokratie und Recht, 1980, Seite 363–382; *Rudolph von Ihering,* Geist des römischen Rechts auf den verschiedenen Stufen seiner Entwicklung, 1852, 9. Aufl. Erster Teil, 1953; *Jutta Limbach,* Unterhaltsverlust wegen grober Unbilligkeit bei Getrenntleben, Neue Juristische Wochenschrift, 1980, Seite 871–875; *Theo Mayer-Maly,* Die Wiederkehr von Rechtsfiguren, Juristenzeitung 1971, Seite 1–3; *Karl Renner,* Die Rechtsinstitute des Privatrechts und ihre soziale Funktion, 1904, Neudruck 1965; *Dieter Schwab,* Einführung in das Zivilrecht, 4. Aufl. 1980; *Rudolf Wassermann,* (Gesamtherausgeber) Alternativkommentare, Kommentar zum BGB, Band 2: Allgemeines Schuldrecht, 1980, Band 3: Besonderes Schuldrecht, 1979, Band 5: Familienrecht, 1980; *Rudolf Wiethölter,* Rechtswissenschaft, Fischer Bücherei, Nr. 920, Funk-Kolleg, 1968.

VII. Justiz und Öffentlichkeit

Das problematische Verhältnis von dritter und vierter Gewalt

Drei Gewalten gibt es im Staate: Parlament, Regierung und Justiz. So wollte es Baron Montesquieu und so steht es in Artikel 20 Absatz 2 des Grundgesetzes. Seit dem letzten Jahrhundert entwickelte sich langsam eine »vierte Gewalt«, die zwar kein Staatsorgan, aber doch in der Verfassung garantiert ist: die Presse, dann Rundfunk und Fernsehen. In Artikel 5 des Grundgesetzes ist nicht nur die Freiheit der Berichterstattung dieser Massenmedien gewährleistet, wie das Bundesverfassungsgericht öfter ausdrücklich betont hat, es ist ihnen damit von der Verfassung auch ein hoher Rang zugesprochen worden im Prozeß der demokratischen Meinungs- und Willensbildung. Denn über den drei Gewalten des Artikels 20 Absatz 2 steht das Demokratiegebot des Artikels 20 Absatz 1 des Grundgesetzes, nach dem die Willensbildung der staatlichen Organe auf der Grundlage der Willensbildung im gesamten Volke stattfindet. Die Massenmedien, sagt das Bundesverfassungsgericht, verschaffen dem Bürger die dafür erforderlichen umfassenden Informationen. Sie sind der entscheidende Faktor im ständigen Prozeß der öffentlichen Meinungs- und Willensbildung.

Zu diesem Informationsprozeß gehören auch die Kontrolle und Diskussion staatlichen Handelns, eine demokratische Kontrolle, die nur möglich ist, wenn die staatlichen Handlungen durchsichtig sind. Öffentlichkeit und Transparenz staatlicher Tätigkeit gehören zu den Grundlagen der Demokratie. Sie ermöglichen den Prozeß der Willensbildung des Volkes. Das sind die Vorstellungen der Verfassung und ihres obersten Gerichts, und auch wenn man hier und da einige Fragezeichen setzen mag, Fragezeichen zum Beispiel hinter den Informationswert mancher Presseorgane und die Freiheit der Berichterstattung in manchen anderen Medien, dann läßt sich trotzdem sagen: Der Prozeß funktioniert in der Bundesrepublik, mehr schlecht als recht, aber immerhin, er funktioniert. Allerdings, in den verschiedenen Bereichen ist er unterschiedlich entwickelt. Am besten informiert ist die Öffentlichkeit über die Arbeit der Parlamente, weniger gut über die von Regierung und Verwaltung. Am schlechtesten funktioniert der Prozeß der Information und Kontrolle im Bereich der Justiz.

»Die Verhandlung vor dem erkennenden Gericht einschließlich der Verkündung der Urteile und Beschlüsse ist öffentlich«, heißt es in § 169 des Gerichtsverfassungsgesetzes. Das ist die Vorschrift, die die Öffentlichkeit der Justiz garantieren soll. Sie hat eine lange Geschichte, wird heute von den Juristen nur mit vielen Vorbehalten zur Kenntnis genommen, und ihre Zukunft ist ungewiß.

Die Geschichte beginnt am Anfang des 19. Jahrhunderts. Bis dahin waren die Prozesse vor den Gerichten weitgehend hinter verschlossenen Türen geführt worden, vor den Zivilgerichten schriftlich als Aktenprozeß, der immer ohne Öffentlichkeit stattfindet, seit dem späten Mittelalter, als das römische Recht in Deutschland rezipiert wurde. Der frührömische Prozeß fand auf dem Marktplatz statt und jedermann konnte ihn verfolgen. In der Spätantike wurde er in einen abgeschlossenen Raum verlegt, in das secretarium, in dem die Verhandlung vor Beamten des Kaisers unter Ausschluß der Öffentlichkeit geführt wurde. Auch der altdeutsche Prozeß war öffentlich gewesen, im Feudalismus und Absolutismus aber ebenfalls und aus ähnlichen Gründen wie in der Spätantike in die Heimlichkeit abgedrängt. Im Absolutismus deshalb, weil die Macht des Fürsten umfassend und unkontrolliert war und die Rechtsprechung in seinem Auftrag von Richtern als seinen Beamten ausgeübt wurde, die nur ihm verantwortlich und seinen Weisungen unterworfen waren. Dagegen richtete sich der Kampf der Liberalen am Anfang der bürgerlichen Gesellschaft. In der französischen Prozeßordnung von 1807 war das Prinzip formuliert: Mündlichkeit und Öffentlichkeit des Verfahrens gegen Schriftlichkeit und Nichtöffentlichkeit. Das wurde auch das Ziel in Deutschland, aber es war ein langer Kampf. 1821 erschien die berühmte Schrift von Anselm Feuerbach »Über die Öffentlichkeit und Mündlichkeit der Gerechtigkeitspflege«. Erst dreißig Jahre später wurde die erste deutsche Prozeßordnung geändert (Hannover 1850, dann Baden 1862, Württemberg 1868 und Bayern 1869). 1877 übernahmen die Justizgesetze des Deutschen Reiches – die Zivilprozeßordnung und das Gerichtsverfassungsgesetz – das Prinzip.

Im Zusammenhang der allgemeinen politischen Entwicklung

gehörte auch dieser Kampf zur Entwicklung einer umfassenden bürgerlichen Öffentlichkeit, wie sie von Jürgen Habermas beschrieben worden ist (Strukturwandel der Öffentlichkeit, 1962), stand auch er im Rahmen der Vision einer herrschafts- und gewaltfreien bürgerlichen Gesellschaft und ihres materiellen und immateriellen Austausches der Güter und Meinungen durch Freie und Gleiche. Seine besondere historische Funktion ist es gewesen, die Unabhängigkeit der Justiz vom Landesfürsten durchzusetzen. Mit der Öffentlichkeit des Verfahrens konnte man den Richter unabhängig machen. Nun war er nur noch dem Gesetz unterworfen, nicht mehr dem Fürsten, der öffentlich in einen Prozeß nicht mehr so leicht eingreifen konnte, ohne sich ins Unrecht zu setzen. Die Öffentlichkeit der Justiz war eine der entscheidenden Bedingungen für die Unabhängigkeit des Richters. Heute sieht man das anders.

Juristen von heute haben ein gestörtes Verhältnis zur Öffentlichkeit. Öffentlichkeit, sagen sie, ist gefährlich. Sie gefährdet die Wahrheitsfindung, sie gefährdet die private Sphäre der Prozeßbeteiligten, und sie gefährdet die richterliche Unabhängigkeit. Die Urteilsfindung des Richters sei ein sehr diffiziler Vorgang. Der müsse in aller Ruhe vor sich gehen und ohne den »Druck der Straße« (Eberhard Schmidt 1961.25). Besonders in der Berichterstattung durch die Massenmedien sieht man die Gefahr. Gerichtsjournalisten hätten nur selten die nötige Sachkenntnis, ihre Berichterstattung könne schon deswegen nicht sachgerecht sein, außerdem seien sie nur an sensationellen Prozessen interessiert und hier entstehe dann durch die verzerrte Darstellung in den Medien jener »Druck auf den Richter«, der seine Unabhängigkeit und die Wahrheitsfindung gefährde (Kern, Wolf 1975. 141). Deshalb müsse man die von § 169 des Gerichtsverfassungsgesetzes geforderte Öffentlichkeit einschränken. Dahinter steht oft der Gedanke: Im Grunde ist sie völlig überflüssig, man sollte sie eigentlich ganz abschaffen. Für den Zivilprozeß ist das sogar auch schon ganz offen gefordert worden (Wieczorek 1975, Anmerkung A zu § 169 Gerichtsverfassungsgesetz).

Das zeigt sich schon in der Auslegung dieser Vorschrift in den juristischen Kommentaren zu diesem Gesetz. Eines der maßgeblichen und am meisten von den Gerichten benutzten Kommentarbücher ist das von Theodor Kleinknecht (1979). Auf die Frage, was überhaupt unter Öffentlichkeit im Sinne dieser Vorschrift zu verstehen ist, gibt es die Antwort, in seiner Anmerkung 3 zu § 169: »Die Öffentlichkeit besteht in der Zugänglichkeit der Hauptverhandlung für jedermann, soweit der Verhandlungsraum ausreicht.« Das ist alles. Mehr ist dazu positiv nicht zu sagen, und im übrigen gibt es noch einige Einschränkungen. Gerichtsöffentlichkeit ist »Saalöffentlichkeit«. Dafür haben die Liberalen im letzten Jahrhundert jahrzehntelang gekämpft. Das ist übrig geblieben von der Rechtsphilosophie Immanuel Kants, der im Anhang seines Buches »Zum ewigen Frieden« noch geschrieben hatte, entscheidendes Element des Rechts sei die Öffentlichkeit, »weil es ohne jene keine Gerechtigkeit ... geben würde« (Kant 1964.244). Die Öffentlichkeit besteht in der Zugänglichkeit der Hauptverhandlung für jedermann, soweit der Verhandlungsraum ausreicht.

Nun, es gibt auch andere Stimmen, das Bild ist nicht ganz einheitlich. Auf der einen Seite stehen diese distanzierten Stimmen, und sie sind die überwiegende Meinung, der im wesentlichen die Praxis der Gerichte entspricht: Mit dem Ausschluß der Öffentlichkeit ist man schnell bei der Hand. Auf der anderen Seite stehen Äußerungen in der juristischen Literatur, die den hohen Verfassungsrang der Gerichtsöffentlichkeit betonen. Es sind wenige, und es sind Außenseiter (z. B. Simon 1975, Scherer 1979). Sie können sich aber immerhin auf die Meinung des Bundesverfassungsgerichts berufen, das Öffentlichkeit und Informationsfreiheit als wichtigste Voraussetzung einer freiheitlichen Demokratie ansieht, die auch in Kontrolle und Kritik besteht, hergestellt durch Aktivität, Informiertheit und Sachverständnis des Bürgers, nicht nur im Hinblick auf Öffentlichkeit und Transparenz staatlichen Handelns allgemein, sondern auch im Bereich der Justiz (Neue Juristische Wochenschrift 1979, Seite 1400).

Für die herrschende Meinung der Juristen hat die Gerichtsöffentlichkeit eine andere Aufgabe. Sie soll erreichen, um es noch einmal mit den Worten Theodor Kleinknechts zu sagen, »daß die Rechtsprechung über den Kreis der Beteiligten hinaus in die Rechtsgemeinschaft der Bürger hineinwirkt und das Recht lebendig erhält« (Anmerkung 1 zu § 169 Gerichtsverfassungsgesetz). Die herrschende Meinung sieht die zentrale Funktion der Gerichtsöffentlichkeit in der Schaffung von Vertrauen in die Justiz. Wer öffentlich verhandelt, ist eben vertrauenswürdig. Von Kontrolle ist wenig die Rede. Die Kontrollfunktion der Öffentlichkeit wird kaum erwähnt, und wenn, dann auch nur wieder als Bedingung für die Schaffung von Vertrauen. Insgesamt also: Obrigkeitsstaatliche Vorstellungen vom einseitigen Einwirken von oben nach unten, vom Staat auf die Gesellschaft, von der Justiz auf den Bürger. Hinzu kommt eine oft »giftige Pressefeindlichkeit« (Dieter Simon), besonders bei Eberhard Schmidt, einem der angesehensten Kenner des Strafprozesses.

Die Diskussion wird nämlich im wesentlichen über die Berichterstattung in den Medien geführt. Man unterscheidet »Saalöffentlichkeit« und »Medienöffentlichkeit«. Mit der Saalöffentlichkeit hat man sich abgefunden. Mit ihr kann man zur Not im Einzelfall fertig werden, indem man sie ausschließt. Gefährlich ist die Medienöffentlichkeit. Hier drohen Kritik und Kontrolle. Deshalb unterscheidet Eberhard Schmidt zwischen Öffentlichkeit und Publicity (1959). Öffentlichkeit im Sinne des § 169 Gerichtsverfassungsgesetz ist die Saalöffentlichkeit. Sie geht in Ordnung. Publicity ist schlecht. Sie ist von dieser Vorschrift nicht geschützt. Und da man zwischen einer »abträglichen und irreführenden Gerichtsberichterstattung« und einer zutreffenden, die nicht »vorschnell« und »oberflächlich« ist, nur schwer unterscheiden kann, treffen die Vorbehalte die Medien allgemein. Sie haben z. B. dazu geführt, daß der Bundestag 1964 in einem Zusatz zu § 169 beschlossen hat, daß Rundfunk- und Fernsehaufnahmen in Gerichtsverhandlungen allgemein verboten sind, weil sie die »Wahrheitsfindung« gefährden. Sicherlich kann das in bestimmten Situationen der Fall sein, bei der Vernehmung einzelner Zeugen und Sachverständiger, vielleicht auch bei einzelnen Aussagen von Angeklagten. Eine Verbotsmöglichkeit für das Gericht muß es geben. Das pauschale Verbot des § 169 Satz 2 dagegen steht in keinem angemessenen Verhältnis zum angestrebten Erfolg. Warum sollen nicht Aufnahmen gemacht werden können bei der Verlesung der Anklageschrift, während des Plädoyers der Anklage und der Verteidigung oder bei der Urteilsverkündung? Hier kann die Wahrheitsfindung doch in keiner Weise gefährdet werden. Hier ist das pauschale Verbot des § 169 Satz 2 ungerechtfertigt. Jedenfalls ist es typisch für die Haltung der Justiz gegenüber der Öffentlichkeit.

Warum ist das so? Wo liegen die Gründe für das gestörte Verhältnis von Justiz und Öffentlichkeit? Fehlerhafte und unsachliche Berichterstattung in den Medien ist nur der äußere Anlaß. Auch noch so schlimme Exzesse in der Sensationspresse können eine Beschränkung der Öffentlichkeit nicht rechtfertigen, ebensowenig wie fehlerhafte und unsachliche Kritik an Parlament oder Regierung. Parlament und Regierung haben das Recht und die Pflicht, sich zu wehren. Warum soll das bei der Justiz anders sein? Hat sie nicht auch das Recht, sich zu wehren? Und vielleicht sogar die Pflicht? Die »Würde« des Gerichts, die dem angeblich entgegensteht, ist ein erstaunliches Argument. Hat das Parlament keine Würde? Oder die Regierung? Warum soll die Würde der dritten Gewalt größer sein als die der ersten und zweiten? Was ist das eigentlich, diese Würde? Sicherlich ist sie abhängig von der sachlichen Autorität eines Staatsorgans, und Sachautorität erweist sich auch in der Auseinandersetzung mit Kritik, sei sie sachlich oder unsachlich. Die Gründe für das gestörte Verhältnis sind also im Bereich der Justiz zu suchen.

Einen ersten Hinweis gibt die Richter- und Juristensoziologie der sechziger Jahre. Demokratisches Bewußtsein ist bei Juristen geringer, autoritäre Haltung stärker ausgeprägt als im Durchschnitt der Gesellschaft der Bundesrepublik. Öffentlichkeit bedeutet auch in erster Linie demokratische Kontrolle und Kritik. Beides verträgt sich schlecht mit autoritärem obrigkeitsstaatlichem Denken, wie es sich bei vielen Juristen findet, auch heute noch und auch bei Jüngeren. Das ist eine »Tradition« dieses Berufsstandes bis heute. Aber woher kommt sie? Wie läßt sich das Defizit an demokratischem Bewußtsein und der Überschuß an obrigkeitsstaatlichem Denken im Bereich der dritten Gewalt erklären?

Der Grund für diese unselige Tradition läßt sich unschwer benennen. Sie ergibt sich aus dem Positivismus der deutschen Rechtswissenschaft. Juristen werden heute noch genauso ausgebildet wie im 19. Jahrhundert. Sie leben im guten Gewissen einer sicheren Methode. Die Methode heißt: Der Jurist entscheidet einen juristischen Fall, indem er ein vorgegebenes Gesetz auf einen ihm vorgelegten Sachverhalt anwendet. Die richtige Entscheidung ergibt sich aus dem Gesetz, in logischer Schlußfolgerung aus den vom Gesetzgeber aufgestellten Regeln, so wie sich naturwissenschaftliche Fragen entscheiden lassen in logischer Kombination der Naturgesetze, ohne eigene Entscheidungen desjenigen, der das Problem zu lösen hat. Er findet hier wie dort, wenn er logisch richtig vorgeht, die einzig richtige Lösung, die von den Gesetzen vorgegeben ist. Dieses Vorgegebensein eines »positiv« Vorhandenen ist die Grundüberzeugung des Positivismus der deutschen Rechtswissenschaft im 19. Jahrhundert gewesen. Nach dem Vorbild der Naturwissenschaften hat man sich ein erstaunliches logisch-begriffliches Instrumentarium geschaffen, in seiner technischen Perfektion damals und heute von keiner anderen Rechtskultur erreicht. Savigny, Puchta, Windscheid, Dernburg, um nur die wichtigsten Namen zu nennen, konnten auf ein von ihnen geschaffenes System des bürgerlichen Rechts sehen, das sie stolz verkünden ließ, mit ihm sei der Jurist in der Lage, jede Rechtsfrage auf der Grundlage der vom Gesetzgeber getroffenen Regelung zu entscheiden, ohne jede eigene moralische, ökonomische oder politische Überlegung, die, wie Bernhard Windscheid es in seiner berühmten Leipziger Rektoratsrede formulierte, allein Sache des Gesetzgebers sei und nicht »des Juristen als solchen« (Windscheid 1904.111 f.) Das war die innere Rechtfertigung der Unabhängigkeit des Richters: Der wissenschaftlich ausgebildete Jurist bewege sich in einem gesetzlichen System, das seine Objektivität garantiere. Jeder Einfluß von außen gefährde diese Wahrheitsfindung. Und so heißt es noch heute in Artikel 97 des Grundgesetzes: »Die Richter sind unabhängig und nur dem Gesetz unterworfen.«

Wir wissen es heute eigentlich besser. In der rechtstheoretischen Literatur ist weitgehend anerkannt, daß der Positivismus des 19. Jahrhunderts ein Irrtum gewesen ist, zwar ein fruchtbarer Irrtum, der den großen Elan getragen hat bei der Schaffung eines bürgerlichen Rechts in Ablösung alter feudaler und absolutistischer Bindungen, aber ein Irrtum. Wir wissen heute, daß es nur wenige Entscheidungen gibt, in denen der Jurist das Gesetz einfach anwenden kann, indem er sein logisch-begriffliches Instrumentarium ansetzt. Letztlich muß das Gesetz ausgelegt, sein Wortlaut gestreckt oder eingeengt oder gebogen werden, und in den meisten Fällen sind auch bei Beachtung aller technisch-juristischen Regeln immer zwei Entscheidungen möglich: ja oder nein, Anwendung oder Nichtanwendung des Gesetzes. Wofür der Jurist sich dann entscheidet, das ist ein Problem, für dessen methodische Präzisierung in den letzten Jahren unerhört viel Scharfsinn aufgewendet worden ist. Und allgemein Überzeugendes ist dabei nicht herausgekommen, denn jeder neue Versuch steht im Grunde unverbunden neben den anderen, es gibt so viele Meinungen, wie es Autoren gibt. Das ist wohl auch einer der Gründe dafür, daß die alte Grundüberzeugung vom neutralen Juristen, der objektiv das Gesetz anwendet, sich bei der großen Zahl der praktisch tätigen Juristen bis heute erhalten hat. Rechtstheoretische Literatur wird ohnehin kaum gelesen. In der Ausbildung der Studenten an den Universitäten spielt sie fast keine Rolle. Die Beschäftigung damit ist für das Examen eher schädlich, denn in den schriftlichen Übungs- und Prüfungsarbeiten wird noch genauso argumentiert wie im 19. Jahrhundert. Es ist eine schöne heile Welt, in der sich gut leben läßt, wenn man die Technik beherrscht, die Sprache, den Aufbau, die Fragestellung am Anfang (»Ein Anspruch des A gegen den B könnte begründet sein aus . . .«), die Schlußfolgerung am Ende, die Ablehnung anderer Möglichkeiten zwischendurch und das Hin und Her eines formalen Für und Wider, das dann plötzlich doch auf der richtigen Seite landet. Denn das gehört dazu. Man muß schon ungefähr wissen, wohin die große Karawane zieht.

Das Ergebnis: Die dritte Gewalt versteht sich unpolitisch. Sie trifft zwar Entscheidungen von großer politischer Tragweite und unterscheidet sich insoweit in keiner Weise von Parlament und Regierung, aber sie ist in ihrem eigenen Selbstverständnis »objektiv«, denn man wendet ja angeblich nur das Gesetz an, für normale Juristen ein technisch-logischer Prozeß, der mit Politik nichts zu tun hat.

Ein Beispiel (Wiethölter 1968.101-104). An der Frankfurter Buchmesse 1967 beteiligten sich auch Verlage der DDR. Das war ein wichtiger Schritt in der dann langsam einsetzenden Normalisierung der Beziehung zwischen beiden deutschen Staaten. Auf dem Ausstellungsstand des DDR-Staatsverlages befand sich ein Buch, das als staatsgefährdende Schrift zwei Jahre vorher von Gerichten in Hamburg und Lüneburg beschlagnahmt worden war, das sog. Braunbuch des Nationalrates der DDR über »Kriegs- und Naziverbrecher« in der Bundesrepublik aus dem Jahre 1965. Es enthielt unter anderem Anschuldigungen gegen den damaligen Bundespräsidenten Lübke. Die Frankfurter Staatsanwaltschaft war davon unterrichtet, tat aber nichts. Am letzten Ausstellungstag erließ ein Frankfurter Amtsrichter einen Beschlagnahmebeschluß. Das Buch wurde eingezogen. Es gab einen großen Eklat, alle Aussteller aus der DDR zogen sich von der

Messe zurück. Als am nächsten Tag das Frankfurter Landgericht die Beschlagnahme wieder aufhob, war das politische Porzellan zerschlagen, die Messe zu Ende, das Buch konnte nicht mehr ausgestellt werden, die DDR-Verlage konnten nicht mehr zurückkehren.

Es gibt in diesem Zusammenhang juristische Fragen, die man so oder so entscheiden kann. Konnte das Buch ohne die für die Strafverfolgung wegen Verunglimpfung des Bundespräsidenten nach § 95 des Strafgesetzbuches notwendige Ermächtigung durch Heinrich Lübke überhaupt beschlagnahmt werden? War die »Notzuständigkeit« des Amtsrichters wegen »Gefahr im Verzuge« nach § 165 der Strafprozeßordnung gegeben, wenn die Staatsanwaltschaft zwar untätig, aber erreichbar war? Der Amtsrichter hatte sie bejaht, das Landgericht verneint. Es kann ruhig offen bleiben, wer im Recht war. Jedenfalls ist deutlich, daß ihre Beantwortung im einen wie im anderen Fall ganz erhebliche politische Auswirkungen hatte. Im einen wurden die deutschen Beziehungen gestört, im anderen nicht. Bemühungen der Regierung um die Normalisierung des Verhältnisses zu einem anderen Staat konnten hier empfindlich beeinträchtigt, im schlimmsten Fall sogar vereitelt werden, oder eben nicht. Beide Entscheidungen waren juristisch-technisch möglich, die eine vielleicht etwas weniger gezwungen als die andere, aber möglich waren sie ohne Zweifel beide. Es gab auch hier nicht die eine einzige »richtige« und »wahre« Lösung.

Der Eklat wurde in der Öffentlichkeit diskutiert, die Medien der Bundesrepublik nahmen Stellung, der Frankfurter Börsenverein und der Frankfurter Generalstaatsanwalt. Auch der Amtsrichter kam zu Wort. Er sagte: »Es mag tausend sophistische Gründe geben, mit der kriminellen Aggression zu paktieren, sie zu dulden und dadurch – angeblich – zu bekämpfen. Keiner dieser Gründe ist für mich als Richter erheblich. Ich bin nicht auf irgendeine gute oder schlechte Politik, sondern allein auf das Gesetz vereidigt.«

Das ist es. Die dritte Gewalt versteht sich unpolitisch. Sie trifft Entscheidungen von großer politischer Tragweite, wie die erste und zweite Gewalt, aber sieht sich »objektiv« und nur dem Gesetz unterworfen. Die politische Tragweite wird nicht immer so deutlich sein wie damals in Frankfurt, aber sie ist in vielen Fällen erheblich größer, als auf den ersten Blick erkennbar, denn es wird oft nicht nur ein individuelles Problem entschieden. Gerichtsurteile werden veröffentlicht, häufig auch die von unteren Instanzen, und sie haben als Präjudizien große Bedeutung für eine Vielzahl ähnlicher Streitigkeiten. Die dritte Gewalt hat mit ihrer Interpretationsherrschaft dann immer die gleiche Funktion wie das Parlament mit dem Erlaß seiner Gesetze. Das geht nicht anders, und dagegen ist auch gar nichts einzuwenden. Verfassungsrechtlich ist das Problem gelöst. In Artikel 20 Absatz 3 des Grundgesetzes heißt es nämlich: »Die Gesetzgebung ist an die verfassungsmäßige Ordnung, die vollziehende Gewalt und die Rechtsprechung sind an Gesetz und Recht gebunden.« Also nicht nur an das Gesetz. »Recht« bedeutet hier: der übliche weite Spielraum der Auslegung des Gesetzes mit dem üblichen juristisch-technischen Instrumentarium. Art. 97 des Grundgesetzes mit seiner ganz anderen Formulierung, »Die Richter sind unabhängig und nur dem Gesetz unterworfen,« betreibt also eine nicht unbedenkliche Augenwischerei. Und genau hier liegt das Problem.

Wenn juristische Entscheidungen nämlich gesellschaftliche, ökonomische oder politische Auswirkungen haben, und wenn man juristisch-technisch so oder so entscheiden kann, dann muß auch offengelegt werden, aus welchen gesellschaftlichen, ökonomischen oder politischen Gründen man die eine oder andere für richtig hält. Hierüber kann und muß die Öffentlichkeit informiert, darüber muß diskutiert werden und hier muß man kritisieren können. Das ist alles. Es klingt so einfach. Aber es ist so schwer. Denn politische, gesellschaftliche und ökonomische Probleme werden im Studium des Juristen nicht behandelt, kommen auch während der praktischen Ausbildung als Referendar am Gericht oder in der Verwaltung nicht vor, sind »nicht Sache des Juristen als solchen«, er entscheidet eben nur nach dem Gesetz. Dieser Widerspruch zwischen Funktion und Selbstverständnis führt zu einer besonders festen Haltung in der Verteidigung des Selbstverständnisses, zu einer besonders starken Haltung in der Betonung seiner Objektivität. Der Frankfurter Amtsrichter ist nur einer von vielen. Das positivistische Defizit an politischer und demokratischer Beweglichkeit macht empfindlich gegenüber Öffentlichkeit, Kontrolle und Kritik. Hier, in der überkommenen, eigentlich längst überholten, aber immer noch wirksamen Methode des Positivismus der Juristen liegt der Grund für ihr schlechtes Verhältnis zur Öffentlichkeit.

Sind dies die inneren Gründe, die subjektive Seite, so gibt es auch noch äußere objektive Schwierigkeiten, die Öffentlichkeit und Kontrolle der Justiz erschweren. Das ist die Sprache der Juristen. In Jahrhunderten als Technik einer Machtelite entwikkelt, zunächst in ihrer lateinischen Form für das Volk ohnehin unverständlich, aber auch nach ihrer Umformung in die deutsche Sprache im 18. Jahrhundert schnell wieder in eine Kunstsprache verwandelt, ist sie heute auch für überdurchschnittlich gebildete Bürger unverständlich, es sei denn, sie haben eine juristische Ausbildung. Das ist eine alte Geschichte. Recht ist ein Herrschaftsinstrument, und Herrschaft funktioniert am besten, wenn man darüber gar nicht erst diskutieren muß und aufkommenden Widerspruch mit dem Hinweis auf seine Unkenntnis der verwikkelten Zusammenhänge in die Schranken weisen kann. Das steht am Anfang der Entwicklung des Rechts, und so ist es bis heute geblieben. Waren es am Anfang Magie und Religion, die juristische Entscheidungen gegen Kritik immunisierten, so ist es heute eine hochentwickelte Kunstsprache. Das römische Priesterkollegium der Pontifices, das zu Beginn der römischen Republik die Rechtsprechung in seinen Händen hatte, hat es sich noch einfacher gemacht. Die Klageformulare und Entscheidungsprinzipien wurden einfach geheimgehalten.

Die Sprache der Juristen ist seine wirksamste Waffe in der Abwehr von Öffentlichkeit, Kontrolle und Kritik. Ihr hohes Abstraktionsniveau und ihre verwickelte Terminologie erlernt der Student in semesterlangem Studium, das ihm erst allmählich ermöglicht, sich aus den Niederungen der verständlichen Sprache des Alltags zu erheben. Regelmäßig erst nach zwei, drei Jahren hat er es gelernt. Dann kann er abheben und langsam und gemächlich durch die Lüfte der hohen Abstraktion segeln, während unten das gemeine Volk zurückbleibt, ohne jede Aussicht, ihm dorthin zu folgen. Dabei könnte man die gleichen Wege auch auf der Erde zurücklegen. Ohne weiteres läßt sich jede juristische Entscheidung auch in der konkreten Sprache des Alltags begründen. Es würde ein wenig länger dauern, so wie jede Demokratisierung ihren technokratischen Preis fordert, im übrigen aber keinerlei Schwierigkeiten machen.

Die normale Folge der Existenz dieser Kunstsprache ist das Ignoranzargument. Es findet sich selbst bei Feuerbach, als Zugeständnis an seine Kritiker: »Ob der Richter das gehörige

Gesetz in Anwendung gebracht? ob er dieses richtig ausgelegt habe? ob sein Ausspruch mit dem wahren Recht übereinstimme? ... Darüber hat niemand ein zuständiges Urteil, als wer die Weihe der Wissenschaft empfangen hat« (Feuerbach 1821.151). Auch das ist gleich geblieben. Fünfundsiebzig Prozent aller Juristen in der Justiz halten Journalisten, die über ihre Arbeit berichten, für fachlich nicht genügend erfahren (Scherer 1979.14). Dabei entbehrt das Ignoranzargument schon deshalb nicht einer gewissen Komik, weil die meisten Juristen, die es gebrauchen, immer noch im guten Gewissen ihrer positivistischen Objektivität leben und über deren theoretische Probleme nicht informiert sind.

Die Bilanz ist also negativ. Statt Gerichtsöffentlichkeit so zu verstehen, wie es dem Demokratiegebot der Verfassung und dem Grundrecht auf Informations- und Meinungsfreiheit entspricht, nämlich als Transparenz des Prozesses gerichtlicher Entscheidungsfindung, die Kontrolle und Kritik ermöglicht, versteht sie die herrschende Meinung der Juristen als »Saalöffentlichkeit«, soweit die Sitzgelegenheiten ausreichen. Es gibt Ausnahmen. Aber es sind nur wenige. Die Aussichten, daß ihre Forderungen nach Verbesserungen eines Tages erfüllt würden, sind sehr gering. Dabei sind sie im Grunde eher bescheiden. Sie fordern (z. B. Scherer 1979.128-159): öffentliche Beratungen des Gerichts, Veröffentlichung von dissenting opinions bei allen Gerichten, nicht nur, wie seit einiger Zeit, beim Bundesverfassungsgericht, und Akteneinsicht für zugelassene Gerichtsreporter. Die Entwicklung der letzten Vergangenheit war eher gegenläufig. Das Verbot von Rundfunk und Fersehaufnahmen 1964 sowie eine Reihe von »Rationalisierungsmaßnahmen« in den siebziger Jahren haben Öffentlichkeit und Transparenz zunehmend eingeschränkt. Die Praxis der Gerichte ist in der gleichen Zeit, besonders bei sogenannten Terroristenprozessen härter, entwürdigende Durchsuchung und Registrierung der Besucher von Gerichtsverhandlungen sind üblich geworden.

Öffentlich im Sinne des § 169 des Gerichtsverfassungsgesetzes ist ja ohnehin nur ein Abschnitt des Verfahrens: die mündliche Hauptverhandlung, also derjenige Teil, in dem Angeklagte, Zeugen und Sachverständige sich äußern. Die ganze Vorbereitung des Verfahrens und die Beratung des Gerichts, oft die viel wichtigeren Phasen, in denen die eigentlichen Entscheidungen fallen, sind geheim. Das Beratungsgeheimnis ist gesetzlich festgelegt in § 43 des Richtergesetzes. Es wird damit begründet, daß damit nach außen die Einheit des Richterkollegiums dokumentiert und das Ansehen und die Autorität des Richterspruchs gewahrt werden soll, also mit obrigkeitsstaatlichen Vorstellungen, die Diskussion und Widerspruch als abträglich ansehen und mit wissenschaftstheoretisch überholten Überzeugungen, die auf der Fiktion einer einzig möglichen Entscheidung beruhen. Man könnte es also wirklich abschaffen und damit die Transparenz nicht unerheblich vergrößern, wenn, muß man ergänzen, wenn es nicht den Deutschen Richterbund gäbe. Daß es tatsächlich anders geht, zeigen Schweizer Erfahrungen. Die Beratungen des Schweizer Bundesgerichts in Lausanne und vieler Gerichte in den meisten Kantonen sind öffentlich.

Es ist noch ein weiter Weg bis auch die Justiz innerlich verwachsen sein wird mit der freiheitlichen demokratischen Grundordnung. Ihre Sprache muß sich demokratisieren und ihr Methodenverständnis sich entwickeln. Dann wird auch ihr Verhältnis zur Öffentlichkeit ein anderes werden, die schon für Johann Gottlieb Fichte »ein sicheres Kriterium« war, »ob das Recht so, wie es soll, verwaltet werde« (Fichte 1845.167 f.).

Literatur

Anselm Feuerbach, Betrachtungen über die Öffentlichkeit und Mündlichkeit der Gerechtigkeitspflege, 1821, Neudruck 1969; *Johann Gottlieb Fichte,* Grundlage des Naturrechts nach Principien der Wissenschaftslehre, in: Fichte, Sämtliche Werke, Band 3, Berlin 1845, Neudruck 1971; *Jürgen Habermas,* Strukturwandel der Öffentlichkeit, 1962; *Immanuel Kant,* Zum Ewigen Frieden, in: Kant, Werke in sechs Bänden, hg. v. Wilhelm Weischedel, Band 6, 1964; *Eduard Kern, Manfred Wolf,* Gerichtsverfassungsrecht, 5. Aufl. 1975; *Theodor Kleinknecht,* Strafprozeßordnung, Gerichtsverfassungsgesetz, Nebengesetze und ergänzende Bestimmungen, 34. Auflage 1979; *Joachim Scherer,* Gerichtsöffentlichkeit und Medienöffentlichkeit, 1979; *Eberhard Schmidt,* Öffentlichkeit und Publicity, in: Festschrift für Walter Schmidt, 1959; *Eberhard Schmidt,* Die Sache der Justiz, 1961; *Dieter Simon,* Die Unabhängigkeit des Richters, 1975; *Bernhard Wieczorek,* Zivilprozeßordnung und Nebengesetze auf Grund der Rechtsprechung kommentiert, Band 2, 2. Aufl. 1975;

Rudolf Wiethölter, Rechtswissenschaft, Fischer Bücherei, Funk-Kolleg, 1968; *Bernhard Windscheid,* Die Aufgabe der Rechtswissenschaft (Leipziger Rektoratsrede 1884), in: Windscheid, Gesammelte Reden und Aufsätze, 1904.

VIII. Auch ein Kampf ums Recht

Kurt Tucholskys Justizkritik

Viele deutsche Schriftsteller sind Juristen gewesen. Manche von ihnen haben auch Kritik an der Justiz geübt. Keiner so umfassend und so scharf wie Kurt Tucholsky. Es ist ein Thema seines Lebens geworden, ein Thema, das sich ihm aufgedrängt, das er nicht geliebt, für das er sich am Anfang seiner Laufbahn als Schriftsteller auch gar nicht interessiert hat, ebensowenig wie für sein Jurastudium, das er vor dem ersten Weltkrieg beendete. Das wichtigste Juristische, das er in dieser Zeit geschrieben hat, war seine Dissertation über ein kompliziertes Thema aus dem Grundstücksrecht des neuen Bürgerlichen Gesetzbuches von 1900: »Die Vormerkung des § 1179 BGB und ihre Wirkungen«. Mit ihr promovierte er 1915 in Jena bei Heinrich Lehmann zum Dr. jur. Im übrigen hatte er 1912 schon einen großen Erfolg mit seinem ersten Buch, Rheinsberg, ein Bilderbuch für Verliebte, mit graziöser Leichtigkeit geschrieben und bis 1920 in fünfzigtausend Exemplaren verkauft, bis heute in vielen hunderttausend. 1913 begann er als Feuilletonist an der »Weltbühne«. Ab und zu schrieb er dort auch schon über seine – schlechten – Erfahrungen im Studium, aber eher beiläufig, am Rande. Für das Theater interessierte er sich mehr, und allenfalls gibt es einige spöttische Bemerkungen, im Zwischenbereich zwischen Drama und Justiz, zu einem unfreiwillig komischen Buch über »Das Recht in Goethes Faust« schon im gleichen Jahr.

Er war nicht unpolitisch. Im Gegenteil. Nach dem Krieg stand zunächst der Militarismus im Zentrum seiner Angriffe, nicht die Justiz. Auch der Bericht über die Mörder von Karl Liebknecht und Rosa Luxemburg, den er 1919 geschrieben hat, war nicht ein Bericht über die Justiz. Es ist ein Portrait der Angeklagten, der Tapferkeit dieser Offiziere, die eine wehrlose Frau und einen verwundeten Mann ermordeten. Er endet mit den Worten:

»Das Ding liegt so: da steht der Militarismus, da stehen wir. Und weil die Welt nicht in Staaten, wohl aber in Fortstrebende und Zurückzerrende zerfällt, müßt Ihr beiseite gehen, in voller Uniform, in Feldbinde, Ordensschmuck und Helm. Und was die Toten rufen, ruft unser Herz: Écrasez l'infame!«.

Seine Justizkritik beginnt zwei Jahre später, 1921, mit einem Gedicht. Es ist überschrieben »Deutsche Richtergeneration 1940« und handelt vom Stand der Unabsetzbaren, wie er sie öfter nannte. In den Richtern sah er, bis zum Ende, neben dem Militarismus das andere Grundübel der Weimarer Republik. Mit seiner gespenstischen Begabung für böse Ahnungen heißt es dort in einer Vorschau auf das Jahr 1940, wohlgemerkt in einem Gedicht des Jahres 1921:

»Zum Hakenkreuz erzogen,
das damals Mode war,
vom Rektor angelogen –
So wurdst du Referendar.«

Elf Jahre lang, von 1921 bis 1932, hat er dann ununterbrochen über die Justiz geschrieben. Das letzte war, 1932, ein Artikel »Für Carl von Ossietzky«, der wegen angeblichen Verrats militärischer Geheimnisse zu achtzehn Monaten Gefängnis verurteilt worden war. Dazwischen liegen Berichte über große Prozesse und über kleine Prozesse, über die Benachteiligung der kleinen Leute und die Vorteile der großen vor einer Justiz, die eigentlich alle gleich behandeln sollte, über die schiefe Schlachtordnung im grauen Alltag von Moabit, das Buckeln der Richter und Staatsanwälte vor den Großen und die Tritte gegen die Kleinen, also über Klassenjustiz, wie Liebknecht es genannt hatte, und was auch Tucholsky meint, aber nur vorsichtig ausdrückt, denn das Wort steht noch unter Strafe in den zwanziger Jahren. Er sagt dazu:

»Ich habe nichts gegen Klassenjustiz; mir gefällt nur die Klasse nicht, die sie macht. Und daß sie noch so tut, als sei das Zeug Gerechtigkeit – : das ist hart.«

Er schreibt über die Verlogenheit von Sittlichkeitsprozessen, die Ungerechtigkeit des § 218, über die Todesstrafe, über Gefangene, den Strafvollzug, über die Rechtsgläubigkeit der Deutschen, über politische Justiz, und, immer wieder, über die Richter, ihre Vorurteile, ihr reaktionäres Gehabe, ihre politische Einseitigkeit. Das Ganze ist zusammengefaßt und ausgewählt in einem Sonderband bei Rowohlt, mit einem Vorwort von Franz Josef Degenhardt. Es ist der Band rororo 1336 mit dem Titel »Politische Justiz«. Er empfiehlt sich zur Lektüre.

Zur politischen Justiz präsentiert er schon 1921 die von Emil

Julius Gumbel in seiner Broschüre »Zwei Jahr Mord« aufgestellte Rechnung für die Jahre 1918–1920. Gumbel war Professor für Mathematik in Heidelberg. Man kann sich heute nicht mehr vorstellen, wieviel persönlicher Mut dazu gehörte, rücksichtslos nicht nur die Zahlen zu veröffentlichen, sondern auch die Namen der Mörder von rechts und ihre Hintermänner zu nennen, die ihre Taten ungesühnt im Schutze einer Justiz begehen konnten, die fast nur die Gewalttaten von links verfolgte. Nachdem damals der Versuch mißlang, ihn wegen dieses Buches von seiner Professur in Heidelberg zu vertreiben, weil Arnold Zweig eine Kampagne dagegen einleitete, mußte er 1933 emigrieren, zunächst nach Frankreich, dann in die Vereinigten Staaten. Zuletzt lehrte er, seit 1953, an der Columbia Universität in New York. 1966 ist er dort gestorben. Tucholsky nennt seine mutige Tat »Das Buch von der deutschen Schande« und gibt ihm volle Unterstützung in der »Weltbühne«. Das sind die Zahlen, die er veröffentlicht: Für 314 politische Morde von rechts gab es keine Todesstrafe, 31 Jahre Freiheitsstrafe und einmal lebenslängliche Festungshaft. Für 13 politische Morde von links gab es achtmal die Todesstrafe und 176 Jahre Freiheitsstrafe. Das war die berühmte Rechtslastigkeit dieser politischen Justiz der Weimarer Zeit, mit ihrer empörenden Ungleichbehandlung von rechts und links, die 1966 von Elisabeth und Heinrich Hannover ausführlich beschrieben worden ist (Politische Justiz 1918–1933). Tucholsky schrieb dazu:

»Das ist alles mögliche, Justiz ist das nicht ... Gumbels Buch kam zur rechten Zeit. Mit dem Vertrauen der anständigen Leute in die politische deutsche Rechtsprechung dürfte es nunmehr endgültig vorbei sein. Was diese deutschen Richter künftig noch in politischen Prozessen für Recht erkennen, mag ihre subjektive, einwandfrei begründete Meinung sein: objektives Recht ist es nicht.«

Ein Jahr später, 1922, wiederholt er den Vorwurf mit einzelnen Beispielen. Der Artikel heißt »Die Tabelle«. Tucholsky schreibt:

»Von deutschen Richtern wurden in der letzten Zeit verurteilt:

Junker von Kähne	Überfall auf ein harmloses Reiseautomobil. Drei Gewehrkugeln.	10 000 M. Geldstrafe.

Heinrich Berth Otto Jungermann	Streichen nachts ein Hohenzollerndenkmal rot an. Dummerjungenstreich.	Beide je 2 Jahre Gefängnis
Oberamtmann Frick, ehem. Leiter der bayer. Polizei	Bezeichnet Redakteure eines USP-Blattes als »Schweinehunde«. Äußerung zum Betriebsrat: »Geht ihnen doch an die Kehle!«	200 M. Geldstrafe
Reichswehrsoldaten Fischer und Standke	Geben die letzte Bitte eines Sterbenden weiter; benachrichtigen den Vater des toten Kameraden über die Gründe des Selbstmordes seines Sohnes.	43 Tage Gefängnis 3 Wochen Arrest
Gräfin Eleonore von Schlieffen, Hanns Heinrich von Schlieffen	Dingen einen Mörder, um einen Verwandten, den sie beerben können, aus dem Weg zu räumen.	2 Jahre Gefängnis 1 1/2 Jahre Gefängnis
Rössel	Der gedungene Mörder.	3 Jahre Gefängnis
USP-Redakteur Bergholz	Hat den Ausdruck »Klassenjustiz« gebraucht	5 Monate Gefängnis

So sieht die Rechtsprechung dieses Landes aus. Der sehr rührige Preußische Richterverein, der ebenso vorschnell mit Berichtigungen wie seine Mitglieder mit Verurteilungen bei der Hand ist, möge sich diese Tabelle hinter den Spiegel stecken. Wagt er es, die zweierlei Tonarten, die hier deutlich herauszuhören sind, zu bestreiten? . . . Einen Arbeitswilligen anzutippen, kostet ein Drittel des Preises, für den ein Junker den ›Bürgerlichen‹ ein paar Kugeln um die Ohren knallen darf. ›Schweinehunde‹, auf Sozialisten gemünzt, sind billig – sie stellen sich auf 200 M. das Stück; teuer ist nur der Ausdruck ›Klassenjustiz‹ . . . Neulich hat beim Amtsgericht Berlin-Schöneberg ein Mann ein Urteil zugestellt bekommen, auf dem stand, statt ›Im Namen des Königs‹, wie damals, als wir noch unseren Deserteur hatten: ›Im Namen des Pöbels‹. Später erschien bei dem Empfänger dieses Kulturdokuments ein Beamter des Gerichts, um sich zu entschuldigen. Er hätte es nicht tun sollen. Denn jeder muß selbst wissen, was er ist.«

Es waren nicht nur die unteren Gerichte. Die großen politischen Prozesse fanden vor dem Reichsgericht in Leipzig statt, mit einer ständig wachsenden Zahl von Verfahren wegen angeblichen Landesverrats. Meistens ging es um Artikel von pazifistischen Journalisten, die Unregelmäßigkeiten bei der Reichswehr aufdeckten. Es war unvergleichlich schlimmer als in der Kaiserzeit. In den dreißig Jahren vor dem ersten Weltkrieg hatte es jährlich etwa ein solches Verfahren gegeben. 1927 waren es in einem Jahr allein 44 Verurteilungen, mehr als in den ganzen dreißig Jahren vor dem Krieg. Tucholsky schrieb dazu:

»Es bleibt dabei: Das Reichsgericht ist keine Instanz, die in politischen Strafsachen Vertrauen verdient. Es ist eine politische Behörde geworden.«

Immer wieder sind sein Thema, wie zu Beginn, die Richter. Zehn Jahre lang, von 1921–1930, wiederholt sich das. Es geht um ihre Auswahl, ihre autoritäre und reaktionäre Haltung, ihre Herkunft, ihre Ausbildung, die Produktion von »Klassenjustiz« eben. Am ausführlichsten in einem großen Artikel, verteilt auf 3 Hefte der Weltbühne 1927, »Deutsche Richter«. Dort heißt es:

»Die verfehlte Prozeßführung des deutschen Richters ist aus seiner Gruppenauslese herzuleiten, und es kann niemals besser werden, wenn Vorbild und soziologische Auswahl nicht von Grund auf geändert werden ... Die Kaste, aus der sich der deutsche Richterstand rekrutiert, repräsentiert nicht dasjenige Deutschlandtum, das etwa von Goethe über Beethoven bis Hauptmann jene Elemente enthält, um derentwillen wir gern Deutsch sprechen, um derentwillen wir den geistigen Einheit Deutschlands angehören. Der Richterstand, so wie er da ist, repräsentiert nur einen klassenmäßigen Ausschnitt aus dem Lande; er ist das Resultat einer Auswahl von Menschen, die nicht berechtigt sind, im Namen des Volkes Recht zu sprechen: Sie sollten es in ihrem eigenen tun.« Und weiter: »Tatsächlich ist bei den Richtern die Auslese, die der Stand erbarmungslos vornimmt, gefährlicher und schlimmer als bei der ihnen gesinnungsverwandten Reichswehr. Es liegt bei beiden der Fall einer klaren Kooption vor: die Gruppe wählt sich hinzu, wer sich dem Gruppengeist anpaßt – immer adäquate, niemals heterogene Elemente. Das fängt bei der Justizprüfungskommission an, und mit dem feinen Siebe der Personalreferenten geht's weiter. Das Resultat ist dieser Richterstand. Der deutsche Richter schaut durch die Brillengläser seiner Klasse: des mittleren und gehobenen Bürgertums. Was sich darüber und darunter bewegt, findet kaum Platz im Richterstand und hat als Opfer und Objekt wenig Aussicht, vor Gericht verstanden zu werden – von Außenseitern sehe ich ab.«

Er verzichtet dabei immer auf persönliche Vorwürfe, analysiert sachlich, argumentiert gegen die Struktur der Richterschaft, nicht gegen den Richter als Person:

»Die moralische Wertung, die der deutsche Richter auch in scheinbar unpolitischen Strafprozessen seinen Opfern angedeihen läßt, ist politisch ... denn es gibt kein Strafverfahren, wo nicht an einem bestimmten Punkt das Gefühl mitspricht, die Erziehung, die Klassengesinnung; und weil in diesem kritischen Augenblick besonders der Reichsgerichtsrat die Nadel nach rechts pendeln läßt, woran er subjektiv unschuldig sein mag, woran aber die Kaste, die ihn hochpäppelt und eingesetzt hat, schuldig zu sprechen ist –: deshalb lehnen wir die geistige Legitimation dieser Richter zur Erteilung irgendwelchen Rechtes ab und pfeifen auf ihre Richtersprüche! ...
Satz für Satz, Begründung für Begründung, Idee für Idee sind ihre in den Urteilen niedergelegten Anschauungen bekämpfenswert, widerlegbar, zu verwerfen. Ihr subjektiv guter Glaube ist in vielen Fällen zuzugeben.«

Aber was ist seine Lösung? Welche Konsequenzen zieht er aus dieser Analyse? Nun, in demselben Artikel von 1927 schreibt er:

»Erwachsene lernen nicht mehr zu.«

Und kommt zu dem Ergebnis:

»Es gibt, um eine Bürokratie zu säubern, nur eines. Jenes eine Wort, das ich nicht hierher setzen möchte, weil es für die Herrschenden seinen Schauer verloren hat. Dieses Wort bedeutet: Umwälzung. Generalreinigung. Aufräumung. Lüftung.«

1922 hatte er in seinem Artikel über »die zufällige Republik« noch gesagt: »Reformierung der Justiz«. Und dann, 1928, bei einer Umfrage der »literarischen Welt« mit dem Inhalt »Was täten Sie, wenn Sie die Macht hätten?«, war seine Antwort:

»Sozialisierung der Bergwerke, Sozialisierung der Schwerindustrie, Abschaffung der Reichswehr, radikale Personalreform der Justizverwaltung.«

Im Grund hat er zu diesen drei verschiedenen Zeiten drei verschiedene Antworten gegeben. 1922 war seine Lösung: Reform, 1927 war es die Revolution, 1928 eine radikale Reform. Das Schwanken ist typisch für ihn. Er war ein Intellektueller, kein Politiker. Anfang der zwanziger Jahre war er für einige Zeit Mitglied der USPD. Ende der zwanziger Jahre näherte er sich den Kommunisten, wurde aber nicht Mitglied ihrer Partei. Er war eben kein politischer Stratege, er war eine große literarische Begabung, ein Schriftsteller, dessen Berechtigung als politischer Kritiker nicht dadurch in Frage gestellt wird, daß er keine festen politischen Programme aufgestellt hat. Was er immer gefordert hatte, war: Diese Richter müssen weg. Man muß von vorn anfangen. Auf den Universitäten mit einer anderen Ausbildung beginnen. Die Justiz umkrempeln. Aber wie man das machen sollte, das hat er letztlich auch nicht gewußt.

Was hat er erreicht? Er wußte genau, daß es nicht viel war, hat selbst einmal gesagt: »Ich habe Erfolg, aber keine Wirkung.« Mit dem Erfolg meinte er die Verkaufszahlen seiner Bücher. Aber die Wirkung? Die war damals nicht groß. Erich Kästner hat von ihm gesagt: »Ein kleiner, dicker Berliner. Wollte mit seiner Schreibmaschine eine Katastrophe aufhalten.« Er hat die Katastrophe nicht aufgehalten.

War es also alles vergeblich? Wohl nicht. Den Faschismus hat er nicht verhindern können, aber danach ist er, nach seinem Tod, erst recht »erfolgreich« gewesen. Seine Auflagen sind um das Zwanzigfache gestiegen. Viele Millionen seiner Bücher sind inzwischen verkauft worden, während es nur Hunderttausende waren, als er noch lebte. Er ist nach dem Krieg viel gelesen worden, auch von Juristen, wird weiter gelesen werden, und vielleicht hat er doch noch »Wirkung«. Der Faschismus war besiegt. Bonn war nicht Weimar, ist es auch heute nicht. Aber viele Probleme sind die gleichen. Tucholsky ist mit seiner Justizkritik aktuell geblieben.

1927 fragt er »Warum stehen« eigentlich Angeklagte vor dem Richter? Er antwortet: »Später sitzen sie ja lange genug.« Vierzig Jahre später, 1967, in demselben großen grauen Gerichtsgebäude in der Turmstraße in Moabit mit seiner bedrückenden Einschüchterungsarchitektur, in dem auch Tucholsky ein- und ausgegangen ist, bemerkt Fritz Teufel auf eine entsprechende Aufforderung des Richters: »Na ja, wenn's der Wahrheitsfindung dient.« Mit dieser Bemerkung hatte er nicht nur Erfolg – er wurde freigesprochen –, sondern auch eine große Wirkung. Der Ton vor den deutschen Gerichten hat sich seitdem ein wenig geändert. Die Justiz wurde zunächst stark verunsichert, zeitweise gab es einige Erfolge der sogenannten Justizreformer. Manches ist inzwischen wieder zurückgenommen. Von der Verunsicherung damals hat man sich längst wieder erholt. Aber der Ton hat sich in weiten

Bereichen der Justiz tatsächlich geändert. Fritz Teufels Satz war auf einen fruchtbaren Boden gefallen, den schon andere vorher bearbeitet hatten. Einer von ihnen war Tucholsky.

Was er über die Richter der zwanziger Jahre in der »Weltbühne« geschrieben hatte, als politischer Essayist, das wurde nach dem Krieg von den Soziologen wissenschaftlich fortgeführt. Es gab auch damals schon erste Ansätze. 1927, im gleichen Jahr wie seine große Artikelserie über »Deutsche Richter«, erschien Ernst Fraenkels Schrift »Zur Soziologie der Klassenjustiz«. Aber erst in den sechziger Jahren entstand eine eigene wissenschaftliche Disziplin, die Richtersoziologie, die später zur Juristensoziologie ausgeweitet wurde. Es begann 1960 mit Untersuchungen von Ralf Dahrendorf und Walther Richter zur sozialen Herkunft der deutschen Richter an Oberlandesgerichten und wurde dann zusammengefaßt 1971 in dem Buch von Wolfgang Kaupen und Theo Rasehorn »Die Justiz zwischen Obrigkeitsstaat und Demokratie«. Das Ergebnis der Untersuchungen läßt sich leicht zusammenfassen: Juristen haben insgesamt eine sehr viel konservativere und weniger demokratische Einstellung als der Durchschnitt der Bevölkerung, und die konservative Haltung von Richtern nimmt zu, je höher die Instanz des Gerichts ist, an dem sie tätig sind. Da die Entscheidungen unterer Gerichte von den oberen Instanzen aufgehoben werden können, bedeutet es, daß in der Rechtsprechung sich immer das konservativere und weniger demokratische Denken der höheren Richter durchsetzt. Auf der Grundlage dieser Untersuchungen haben dann um die Mitte der sechziger Jahre die sogenannten Justizreformer versucht, eine Liberalisierung der Justiz durchzusetzen. Das begann 1966 mit einer Schrift von Theo Rasehorn, »Im Paragraphenturm«, die noch unter einem Pseudonym erschien. Er nannte sich Xaver Berra, weil er selber Richter war und Repressalien fürchtete. Danach folgte eine Vielzahl von Veröffentlichungen, von Rudolf Wassermann, Helmut Ostermeyer, Diether Huhn, in denen Vorschläge gemacht wurden für technische Verbesserungen und für die Demokratisierung der Justiz, für die Vereinfachung der Verfahren, richterliche Selbstverwaltung, Gleichheit der Amtsbezeichnungen für Richter und so weiter. Das alles wurde unterstützt durch die Justizkampagne des Sozialistischen Deutschen Studentenbundes, im Zusammenhang mit den Prozessen gegen die Apo, in der durch gezielte Provokationen das autoritäre

Verhalten der Richter verunsichert wurde. Mit dem Gesetz von 1972, das die Präsidien der Gerichte und die Amtsbezeichnungen der Richter änderte, errangen die Reformer einen Teilerfolg, der allerdings problematisch blieb, weil ihre konservativen Kollegen sich mit ihren Mehrheiten bei den Wahlen zu den Präsidien der Gerichte mühelos durchsetzten. Die Reformer hatten deshalb auch Vorschläge gemacht für die Reform der Ausbildung von Juristen, um wenigstens einen Ausgleich für die Zukunft zu schaffen. Das Stichwort war die einstufige Juristenausbildung, in der nicht mehr theoretische Ausbildung an der Universität, die mit dem Referendarexamen abschließt, und praktische Ausbildung an den Gerichten und in der Verwaltung, die mit dem Assessorexamen abschließt, getrennt, sondern beide zu einem Ausbildungsgang vereinheitlicht werden. Große Erfolge sind damit noch nicht errungen worden. An den meisten Universitäten studiert man noch genauso wie Tucholsky vor siebzig Jahren. Es hat sich nichts geändert. Die Ausbildung unserer Juristen geht noch immer vor sich wie zu Kaisers Zeiten.

Bonn ist nicht Weimar. Ohne Zweifel. Aber was Tucholsky kritisierte, ist heute nicht behoben. Er würde weiterschreiben müssen. Er hatte seine Monarchisten in der Justiz, wir haben unsere alten Nazis. Wo ist der Unterschied in der konservativen Einstellung des damaligen Oberreichsanwalts Jorns, über den auch Tucholsky geschrieben hat, und seines heutigen Kollegen, des Generalbundesanwalts? Die Rechtslastigkeit ist im wesentlichen geblieben. Sie ist nicht ganz so stark wie damals. Aber es genügt. Die Ausbildung ist noch immer die gleiche, an abstrakten Regeln orientiert, sehr theoretisch, ohne Einbeziehung der Sozialwissenschaften, also am Leben vorbei. Der autoritäre Ton in der Justiz hat sich seit dem Ende der sechziger Jahre leicht gemildert. Aber der Schwung der Justizreformer ist dahin. Insofern ist Tucholsky immer noch aktuell, brandaktuell.

In manchem war er uns sogar voraus. »Die Tabelle« gibt es heute nicht. Nur ein allgemeines Unbehagen, ohne entsprechende Untersuchungen. Es gibt zwar eine sehr gute Darstellung der empörenden politischen Justiz gegen Kommunisten in der Adenauerzeit und bis zur Apo (Politische Justiz gegen Kommunisten in der Bundesrepublik Deutschland 1949–1968 von Alexander von Brünneck in der edition suhrkamp), aber keine über die politischen Prozesse danach, auch keine vergleichende Darstellung wie Gumbels Überblick über die Prozesse gegen rechts und links, insbesondere auch keinen Vergleich mit den Prozessen gegen nationalsozialistische Gewaltverbrecher. Man kann also heute noch von Kurt Tucholsky lernen. Eine entsprechende Tabelle läßt sich mühelos anfertigen. Nennen wir nur sechs Namen.

Der Richter am Volksgerichtshof Rehse hat eine große Zahl rechtswidriger Todesurteile verhängt, derentwegen er angeklagt wurde. Wegen eines dieser Urteile ist er zu fünf Jahren Zuchthaus verurteilt worden. Er legte Revision ein zum Kammergericht. Dann wurde er freigesprochen.

Der Kommunist Josef Angenfort war in den fünfziger Jahren Vorsitzender der FDJ, der Jugendorganisation der KPD. Deswegen wurde er zu fünf Jahren Zuchthaus verurteilt. Es blieb dabei. Das Urteil wurde rechtskräftig.

Der Bürgermeister von Bürgstadt, Ernst Heinrichsohn, hat Beihilfe geleistet zum Mord an 73 000 französischen Juden, die er auf den Weg nach Auschwitz schickte. Er wurde zu sechs Jahren Gefängnis verurteilt.

Der Schriftsteller Peter Paul Zahl, der der linken Szene zugerechnet wird, verletzte auf der Flucht mit einem Pistolenschuß einen Polizisten schwer, aber nicht lebensgefährlich. Es ist sogar wahrscheinlich, daß er nicht mit Tötungsabsicht geschossen hat. Er wurde zu fünfzehn Jahren Gefängnis verurteilt.

Großadmiral Dönitz, Oberbefehlshaber der Kriegsmarine, am Kriegsende von Hitler zu seinem Nachfolger ernannt, wurde in Nürnberg vom Internationalen Gerichtshof zu zehn Jahren Haft verurteilt. Er erhielt, bis zu seinem Lebensende, eine Admiralspension.

Der Schriftsteller Ernst Niekisch wurde 1939 vom Volksgerichtshof wegen Widerstandes zu lebenslänglichem Zuchthaus verurteilt. In der Haft ist er erblindet. 1945 wurde er befreit. Weil er Kommunist war, erhielt er keine Wiedergutmachung, keine Entschädigung, keinen Pfennig Pension.

Kurt Tucholsky hat also nicht nur Rheinsberg geschrieben und Schloß Gripsholm und lustige Geschichten über Herrn Wendriner, sondern auch wichtiges über das Recht und die Justiz, das heute noch aktuell ist, auch wenn man nicht darüber lachen kann. Man sollte es lesen. Also bitte: rororo Nr. 1336, Kurt Tucholsky, Politische Justiz, mit einem Vorwort von Franz Josef Degenhardt. Juristen einmal jährlich. In diesem kleinen Bändchen findet sich auch das Gedicht von 1921 über die »Deutsche Richtergeneration 1940«. Es endet, zur Mahnung für die Richter von heute, mit folgenden Versen:

»Setz auf das Samtbarettchen!
Das Volk, es glaubt an dich.
Justitia, das Kokettchen,
schläft gern beim Ludewich.

Du gibst dich unparteilich
am Strafgesetzbuchband . . .
Du bist es nicht. Nur freilich:
Juristen sind gewandt.

Du wirst des Rechtes Künder.
Dich kriegt man nicht – für Geld.
Gott gnade dem armen Sünder,
der dir in die Finger fällt!

Ich grüße dich, wunderbare
Zukunft der Richterbank!
Du nennst das einzig Wahre:
Rechtspruch nach Stand und Rang!

Ihr wählt euch eure Zeugen!
Ihr sichert den Bestand!
Wo sich euch Rechte beugen,
ist euer Vaterland!«

IX. Der eine hat die Mühe, der andere die Brühe

Oder: Welche Wirkung hat des »linken« Juristen langer Marsch durch die Institutionen?

I.

Damals, als die Studentenbewegung an ihrem Ende war, hat man auch nachgedacht über die Praxis im Beruf fortschrittlicher Juristen. Gerade im Recht war die Frage besonders problematisch. Teilweise wurde man radikal, hielt rechtliche Argumentation im politischen Kampf für zwecklos und hat deshalb an den juristischen Fakultäten Erstsemester vom Studium abgeworben. Manche, es scheinen nicht wenige gewesen zu sein, haben es tatsächlich abgebrochen. Einige sind geblieben. Und so ist die Zahl fortschrittlicher Juristen – von der linken SPD bis zu den kommunistischen Gruppen – ein wenig größer geworden. Vergleicht man die Situation heute mit der Zeit, in der die Studentenrevolte begann, dann ergibt sich sogar eine beachtliche Steigerung. Aber im Verhältnis zur sehr viel größeren Zahl der anderen bleiben sie vermutlich seltene Abweichungen von der Regel. 1965 gab es in der Bundesrepublik ungefähr achtzigtausend Juristen, und heute werden es einige mehr sein. Vielleicht nur einige Hundert sind jene Minderheit – Richter, Anwälte, Verwaltungsjuristen, Hochschullehrer – von deren Praxis hier die Rede sein soll. Sie sind kaum organisiert, denn die Arbeitsgemeinschaft sozialdemokratischer Juristen wird im wesentlichen von Liberalen gebildet, und auch die 1971 gegründete Demokratische Juristenvereinigung ist nicht die integrierende Kraft für linke Juristen geworden. Also ist ihre Arbeit, anders als im Demokratischen Richterbund der Weimarer Zeit oder heute in der italienischen *magistratura democratica*, noch nicht einmal gestützt durch die Solidarität einer größeren Berufsgruppe. Was können sie erreichen?

Die rechtspolitische Situation in der Bundesrepublik hat sich in den sechziger Jahren leicht verändert, nachdem sich vorher auch im Recht die stark restaurativen Tendenzen der Adenauer-Zeit durchgesetzt hatten. Der Wandel kam durch das Zusammentreffen der Forderungen der Justizreformer mit der Protestbewegung und mit der Entstehung der sozialliberalen Koalition. Die Justizreform wurde von außen, von Soziologen, nicht durch Juristen, eingeleitet. Der öffentliche Erfolg kam 1962 mit einem Aufsatz Dahrendorfs über das später so genannte Juristenmonopol in der Zeitschrift *Der Monat*. Die Juristensoziologie, die sich danach weiterentwickelte, verstärkte die Aufklärung über die politisch stark konservative Haltung der deutschen Juristen. Das war die Grundlage, auf der die Reformer um Wassermann und Rasehorn technische Verbesserungen und Demokratisierung der Justiz verlangen konnten (Beschleunigung der Verfahren, richterliche Selbstverwaltung, Rotationsprinzip im Vorsitz der Richterkollegien, Richterwahl durch Parlamentarier, *dissenting vote*, Gleichheit aller Amtsbezeichnungen für Richter). Obwohl sie nur eine sehr kleine Gruppe waren, gelang ihnen ein gewisser Durchbruch, weil die Justiz damals stark verunsichert war durch die Justizkampagne des SDS und besonders durch die teilweise sehr geistreiche antiautoritäre Umfunktionierung von Prozessen gegen die APO. Fritz Teufels berühmter Satz – »Na ja, wenn's der Wahrheitsfindung dient« – kennzeichnet die Stimmung, in der sie den konservativen Richterbund mit seinem einflußreichen Organ, der *Deutschen Richterzeitung* überspielen konnten. Es entstand eine Art Vertrauenskrise der Justiz. Mit dem Gesetz von 1972, das die Präsidien der Gerichte und die Amtsbezeichnungen der Richter veränderte, errangen die Reformer einen Teilerfolg, der nun allerdings problematisch bleibt, weil ihre konservativen Gegner sich mit ihren aus den richtersoziologischen Untersuchungen bereits bekannten Mehrheiten bei den Wahlen zu den Präsidien der Gerichte mühelos durchsetzten. Was sie vorher unbewußt als »objektiv« angesehen hatten, das erledigen sie nun »demokratisch« auf der Grundlage der Wahlordnung für die Präsidien der Gerichte. Die Reformer hatten das wohl vorausgesehen und deshalb auch inhaltliche Rechtskritik – etwa von Rasehorn im Zivilrecht und Ostermeyer im Strafrecht – verbunden mit Vorschlägen für die Reform der Ausbildung von Juristen, um wenigstens für die Zukunft hier einen Ausgleich zu schaffen. Es wird sehr schwer werden, sie in der nächsten Zeit zu verwirklichen.

Daneben entwickelten sich neue Ansätze einer materialistischen Theorie des Rechts, als Kritik am bürgerlich-kapitalistischen. Auch dies als Folge der studentischen Protestbewegung, die allgemein den durch Faschismus und Adenauer-Restauration in der Bundesrepublik auf diesem Gebiet verursachten Rückstand – vielleicht ein wenig zu ruckartig – ausgeglichen hat. Nur Wolfgang Abendroth hatte unbeirrt auch während der fünfziger Jahre in einer Fülle von Abhandlungen eine sozialistische Position im Recht vertreten. 1961 erschien Ernst Blochs *Naturrecht und menschliche Würde*, aber es wurde von Juristen nicht beachtet und ist auch heute in seiner Bedeutung für die Theorie des Rechts noch nicht allgemein erkannt. Seit der Mitte der sechziger Jahre gibt es eine Serie von Neudrucken älterer Schriften zur sozialistischen Rechtstheorie (Karl Renner, Ernst Fraenkel, Pašukanis, Stučka) und etwa seit 1970 die ersten Versuche, auf diesem Gebiet selbständig weiterzuarbeiten (Wolf Paul, Joachim Perels, Ulrich Preuß, Norbert Reich, Wolf Rosenbaum, Hubert Rottleuthner). Nimmt man dies alles zusammen, die Teilerfolge der Reformer und die Ansätze eienr materialistischen Theorie, so ist trotz der gegenwärtig rückläufigen Tendenz in der allgemeinen gesellschaftlichen Entwicklung der Hintergrund für die Arbeit fortschrittlicher Juristen heute doch wohl besser als 1965.

Mit der Frage nach den praktischen Möglichkeiten ihrer beruflichen Arbeit steht man zunächst vor dem Problem des Inhalts vom Recht. Ist es in einer bürgerlichen Gesellschaft nicht immer Klassenjustiz und damit der Einwirkung durch fortschrittliche Juristen notwendig entzogen? Es ist ein ehrwürdiges Problem. Schon in der Sozialbewegung des 18. Jahrhunderts gab es sehr heftige Kritik an der Justiz, besonders im Strafrecht, und noch mehr im 19. Jahrhundert. Friedrich Engels hat in seiner *Lage der arbeitenden Klasse in England* eine eindringliche Schilderung der Klassenjustiz gegeben. Das Wort, das dann auf beiden Seiten heftige Erregung verursachte, stammt aus der Jahrhundertwende. Bekannt sind Karl Liebknechts Äußerungen darüber. Schon er, der selber Rechtsanwalt war, hat – vergebens – versucht, den Begriff zu entschärfen, ihm den Geruch der Böswilligkeit zu nehmen, des subjektiven Vorwurfs gegen den einzelnen Richter. Ebenso Ernst Fraenkel mit seiner berühmten Schrift aus den zwanziger Jahren. Dann ist es ruhig geworden. Natürlich war nichts von Klassenjustiz zu hören im Faschismus. Aber auch in der Adenauer-Zeit hatten die Richter einen ruhigen Schlaf. Seit den Zeiten der Studentenrevolte wird wieder davon gesprochen, seit der Justizkampagne, mit der sie 1968 gegen die Demonstrantenprozesse protestierten. Es ist das Problem der nur äußerlichen, der *formalen Gleichheit* im Recht, der »majestätischen Gleichheit der Gesetze, die den Reichen wie den Armen verbietet, unter den Brücken zu schlafen, auf der Straße zu betteln und Brot zu stehlen« (Anatole France). Sie ist eine scharfe Waffe in der Hand des Starken, ein nutzloser Schutz für den Schwachen. Außerdem wird sie nicht immer gewahrt, weil bürgerliche Juristen durch unbewußte ideologische Vorurteile bestimmt sind, ihre Rechtsanwendung insgesamt durch ein im objektiven Interesse ihrer Klasse verzerrtes Vorverständnis geleitet ist (Hubert Rottleuthner). Selbstverständlich ist das bürgerliche Recht in erster Linie Schutzordnung für das Privateigentum an Produktionsmitteln, verstärkt durch die Sanktionen des Strafrechts und seine nicht nur moralischen Zwänge. Insofern haben wir eine Klassenjustiz. Aber die sozialen Machtverhältnisse haben sich nicht unwesentlich geändert. Mit den Erfolgen der bürgerlichen Produktion sind die Reallöhne auch der Arbeiter gestiegen, in den letzten hundert Jahren ungefähr um das Fünffache. Der Verteilungskampf wurde weniger heftig. Besonders deutlich ist das im Arbeitsrecht durch Zugeständnisse zur Verbesserung der Arbeitsbedingungen, im Streikrecht und im individuellen Arbeitsvertrag. Die Arbeiterbewegung hat zwar viele Niederlagen erlitten, aber auch einige Erfolge errungen. Das bürgerliche Recht ist heute ein durch viele Kompromisse und Konzessionen geschwächtes bürgerliches Klassenrecht, durchzogen von einer Art Waffenstillstandslinie, die auch den Bereich bezeichnet, in dem sich der progressive Jurist sinnvoll bewegen kann. Er braucht nicht anzufangen am Nullpunkt einer ungebrochenen Klassenjustiz.

Rechtsverhältnisse sind in Rechtsform übersetzte soziale Machtverhältnisse. Das ist die Antwort auf die Frage nach dem Inhalt von Recht. Mit ihr ist diesem Juristen aber noch nicht sehr viel weiter geholfen. Es gibt noch ein zweites Problem für seine Arbeit, nämlich das der Entstehung und der Wirkungen von Recht. Etwas weniger abstrakt formuliert: Läßt sich gesellschaftlicher Fortschritt durch Recht bewirken oder ist es seinem Wesen nach immer nur das Ergebnis gesellschaftlicher Veränderungen?

Irreführend in diesem Zusammenhang ist der Hinweis auf den Gesetzgeber, der häufig gemacht wird, indem man als Zeugen für die aktive Rolle des Rechts im politischen Kampf Karl Marx oder Friedrich Engels zitiert, die die Zehnstundenbill von 1847 als großes Ereignis gefeiert (MEW 16.10 f., »Sieg eines Prinzips«) oder allgemein erklärt haben, aktive sozialistische Politik sei nicht möglich, wenn man darauf verzichte, Rechtsforderungen zu stellen (MEW 21.509). Damit ist die Rechtsschöpfung durch den Gesetzgeber gemeint, Recht, das unmittelbar, wie eben beschrieben, aus der Politik erwächst, und nicht die Arbeit des Juristen »als solchen«, von der hier die Rede ist, die Rechtsanwendung, also die Politik, die wieder aus dem Recht entstehen soll.

Diese Rechtsanwendung, die Tätigkeit des Richters, des Anwalts, des Verwaltungsjuristen oder Hochschullehrers, ist ein ähnlich rechtsschöpferischer Akt wie die Gesetzgebung, aber doch anderen Bedingungen unterworfen, nicht ganz so frei wie sie, komplizierter, individualisiert. Ist die Schranke für die Gesetzgebung das gesamtgesellschaftliche Bewußtsein, so ist es für die Rechtsanwendung die sogenannte *herrschende Meinung*, die sich dann später konkretisiert im Instanzenzug der Gerichte. Diese herrschende Meinung ist eine Art juristischer Abstimmungsmechanismus, nicht unähnlich den Abstimmungen im römischen Senat, in dem nicht durch demokratische Mehrheit, sondern mit dem Votum der zuerst stimmenden patrizischen Familien entschieden wurde, dem niemand mehr widersprechen konnte: *Auctoritas, non veritas facit legem.* So wäre es für die Rechtsanwendung juristisch technisch, logisch ohne weiteres möglich, die CSU wegen der Äußerungen ihres Vorsitzenden in Sonthofen als verfassungswidrige Partei nach Artikel 21 Absatz 2 des Grundgesetzes anzusehen. Diese juristische Konstruktion hat aber – mindestens vorläufig – keine Aussicht, in der Verwaltung und in der Rechtsprechung der Gerichte verwirklicht zu werden, weil die herrschende Meinung der Juristen – in der wissenschaftlichen Literatur, in den Regierungen und Verwaltungen des Bundes und der Länder und in den zuständigen Gerichten – sich dem nicht anschließen wird.

Die Faktoren, die diese herrschende Meinung im Recht bestimmen, sind zum einen das im wesentlichen durch die gegenwärtigen sozialen Machtverhältnisse bestimmte öffentliche Bewußtsein und zum anderen – in gewissen Grenzen – rechtstechnisch fixierte Vorentscheidungen aus früherer Zeit, durch die das Recht gegenüber der ökonomisch-sozialen Gegenwart eine partielle Selbständigkeit erhält, die man auch als Eigengesetzlichkeit, Eigenständigkeit bezeichnet oder mit den Begriffen der Wechselwirkungen oder Rückwirkungen beschrieben hat. Mit anderen Worten und grob gesprochen: Regelmäßig werden die sozialen Machtverhältnisse das Recht bestimmen, aber ausnahmsweise könnte das Recht ohne Änderungen in der Gesetzgebung (»de lege lata«) auch – progressiv oder regressiv – die sozialen Machtverhältnisse ein wenig verändern. Das wäre die Chance für die Tätigkeit fortschrittlicher Juristen.

II.

Am ausführlichsten sind die Informationen darüber für die Tätigkeit des Richters. Hier gibt es das Beispiel der Rechtsprechung des obersten Gerichts der Vereinigten Staaten zur Rassendiskriminierung, das bekannteste Beispiel für »law in action«, sozialen Wandel durch Recht, wie man es in der Rechtssoziologie nennt, für Richterrecht als »Triebfeder sozialen Wandels« (Andreas Heldrich).

Nach der Abschaffung der Sklaverei im ganzen Land war in der Verfassung der Vereinigen Staaten auch die Gleichbehandlung der farbigen Bevölkerung garantiert worden. Die gesellschaftliche Wirklichkeit war anders. Die überall geübte Diskriminierung wurde 1896 mit der Entscheidung des Supreme Court im Fall Plessy gegen Ferguson bestätigt. Man hatte für die Eisenbahnen des Staates Louisiana die Trennung der Abteile für Weiße und Farbige durch ein Strafgesetz gesichert. Plessy, der Beschwerdeführer, zu einem Achtel farbig, zu sieben Achteln weiß, hatte ein Abteil für Weiße benutzt und sich damit strafbar gemacht. Er griff das Gesetz an, das aber vom Obersten Gerichtshof bestätigt wurde. Gegenüber rassischen Vorurteilen sei der Gesetzgeber machtlos; im übrigen könnten ja Weiße wie Farbige die Eisenbahnen in gleicher Weise benutzen, sie müßten eben nur getrennt fahren. Seitdem galt in den Vereinigten Staaten dieser Grundsatz des »equal but separate« – gleich, aber getrennt.

In einer aufsehenerregenden Wende begann das Oberste Gericht schon vor dem Zweiten Weltkrieg gegen starke Widersprüche in der Gesellschaft zunächst mit leichten Korrekturen der Rassentrennung an den Hochschulen. Die Rechtsprechung erreichte dann 1954, kurz nach dem Amtsantritt von Chief Justice Earl Warren, einen Höhepunkt mit der sensationellen Entscheidung im Fall Brown gegen Board of Education of Topeka, einem Musterprozeß, der von der National Association for the Advancement of Colored People geführt worden ist. Es war die endgültige Preisgabe der Formel »equal but separate« im staatlichen Schulwesen. Das Gericht stützte sich auf soziologische Untersuchungen und kam auf diese Weise zu dem ebenso einfachen wie wahren Ergebnis, daß eine Trennung notwendigerweise immer mit einer Ungleichbehandlung verbunden sei. Ein Jahr später, in einer zweiten Entscheidung im Prozeß zwischen denselben Parteien, wurden den Gerichten der einzelnen Bundesstaaten Richtlinien für die allmähliche Aufhebung der Diskriminierung in den Schulen gegeben, die ihnen ziemlich viel Spielraum ließen. Das führte zu einer Obstruktionspolitik der Untergerichte, die erst 1969 mit einem Machtspruch des Supreme Court beendet worden ist. 1971 hat das Gericht den Verwaltungsbehörden in einem anderen Prozeß sogar aufgegeben, die negativen Folgen iher früheren Diskriminierungspolitik durch positive Maßnahmen zu beseitigen, zum Beispiel durch die Einrichtung von Schulbussen.

Das Gericht hat seine Rechtsprechung nicht auf das Unterrichtswesen beschränkt, sondern seit 1954 auch die Diskriminierung in öffentlichen Parkanlagen, Schwimmbädern und Golfplätzen, in Verkehrsbetrieben, Hotels und Restaurants und auf dem Wohnungsmarkt verboten. Die Richter haben diese Wende in der Rassenpolitik seit der Mitte der dreißiger Jahre im staatlichen Bereich zunächst allein durchgesetzt. Erst zwanzig Jahre später ist ihnen auch die Gesetzgebung des Kongresses gefolgt. Sie haben den entscheidenden Anfang gemacht, als vom Gesetzgeber nichts zu erwarten war. Das ist in der Tat ein eindrucksvolles Beispiel dafür, daß es nicht unbedingt ihre schicksalhafte Bestimmung ist, so konservativ zu sein, wie man aufgrund unserer richter-soziologischen Untersuchungen vermuten muß. Es ist wohl auch ein Maximum dessen, was man an fortschrittlicher Rechtsprechung in einer bürgerlichen Gesellschaft erwarten und durchsetzen kann. Viele soziologische und rechtssoziologische Abhandlungen sind dadurch angeregt worden: Untersuchungen der Möglichkeiten von »sozialem Wandel durch Recht«, außerdem der sogenannten Effektivität von Recht, also der Frage, ob das Gericht mit seiner Rechtsprechung in der gesellschaftlichen Wirklichkeit auch tatsächlich erreicht hat, was es erreichen wollte, das Verhältnis von juristischem Aufwand und gesellschaftlichem Erfolg. Eine wohl im wesentlichen richtige, wenn auch notwendig nur vorläufige Antwort darauf gibt ein 1970 von der staatlichen Bürgerrechtskommission vorgelegter Bericht, in dem allgemein – also auch für die seit 1957 einsetzende Gesetzgebung – der Fortschritt untersucht wurde, der in der Beseitigung von Rassenschranken gemacht worden ist. Die Kommission ist eher skeptisch. Sie schreibt:

»An einem realistischen Maßstab der Erwartungen gemessen, ist der Fortschritt in der Beseitigung von Ungerechtigkeit enttäuschend. Nicht einmal in der Sicherung von Grundrechten – bei weitem der leichtere Teil der Aufgabe – haben wir einen vollen Erfolg erzielt. In vielen Bereichen, in denen die Bürgerrechtsgesetze an sich überzeugenden rechtlichen Schutz bieten – Arbeit, Wohnungswesen, Unterrichtswesen –, besteht die Diskriminierung tatsächlich weiter und ist das Ziel der Chancengleichheit noch lange nicht erreicht. Es ist einfach eine Tatsache, daß manche dieser Gesetze nicht richtig funktionieren. Die Bemühungen des Bundes zur Durchsetzung der Bürgerrechte haben nicht ausgereicht, um das Versprechen wirklich gleichen Schutzes durch die Gesetze für alle Amerikaner voll zu erfüllen.

Am besten sei es gelungen im Bereich der *public accomodations* und *public facilities* (Hotels, Restaurants, Theater, Parks, Bäder, Sportplätze usw.), im Wahlrecht und im Gesundheitswesen. Auch im Unterrichtswesen seien Erfolge erzielt worden. 1964 hätten in den Südstaaten nur 3 % der farbigen Kinder gemeinsam mit weißen die Schule besucht. 1971 seien es schon 38 % gewesen. Sehr schlecht sei allerdings die Bilanz im Arbeitsbereich und am schlechtesten im Wohnungswesen.

Sind hier nun durch Recht soziale Machtverhältnisse geändert worden? Der große Versuch der amerikanischen Richter endete bisher immerhin mit einem Teilerfolg. Die Meinung in der rechtssoziologischen Literatur zur Effektivität von Recht in diesem Fall, zum sozialen Effekt dieses Richterrechts, ist im ganzen eher skeptisch. Auch hier muß sich im übrigen die Frage von Ursache und Wirkung stellen. Denn die sozialen Machtverhältnisse hatten sich seit den dreißiger Jahren unabhängig von dieser Rechtsprechung erheblich zugunsten der farbigen Bevölkerung und ihrer Bürgerrechtsbewegungen verschoben. Ihre Wählerstimmen im Süden der Vereinigten Staaten waren immer wichtiger geworden. Die Länder der dritten Welt hatten zunehmenden Einfluß gewonnen, der einer Weltmacht nicht mehr die Rassentrennungspolitik erlaubte, die selbst der Südafrikanischen Republik immer mehr außenpolitische Schwierigkeiten bereitete. Die Rassenpolitik des Faschismus hatte ihre abschreckende Wirkung auf die amerikanische. Deshalb wird man zu dem Ergebnis kommen müssen, daß hier nicht so sehr eine »Rückwirkung« stattgefunden hat, von Recht auf Gesellschaft, von allgemeinem Verfassungsrecht auf die sozialen Verhältnisse, sondern daß die verdienstvolle Rolle der amerikanischen Richter darauf beschränkt war, ohnehin schon vorhandene Veränderungen gesellschaftlicher Macht in Rechtsform umgesetzt zu haben. Mit anderen Worten: Das Recht hat den sozialen Wandel nicht verursacht, sondern ihm nur zum äußeren Durchbruch verholfen.

Aber nicht einmal das kann immer gelingen. Hier waren es die höchsten und mächtigsten Richter des Landes. Ein einfacher Richter der unteren oder mittleren Ebene – insofern lassen sich unsere Verhältnisse mit den amerikanischen vergleichen – wäre mit einem solchen Versuch wahrscheinlich schon in der nächsten Instanz gescheitert. Dort unten kann der Richteralltag ganz anders aussehen. Auch darüber gibt es verläßliche Nachrichten. Ich meine den Fall des Frankfurter Richters Dietmar Kupke.

Er war Mietrichter und versuchte das, was er in Frankfurt in den letzten Jahren gesehen hatte, in seine Rechtsprechung umzusetzen. Sie war, wie man so sagt, mieterfreundlich. Dietmar Kupke war kein Linker, eher vergleichbar mit den Reformern um Wassermann und Rasehorn. Es gab Schwierigkeiten mit der Justizverwaltung. Auf Beförderungsmöglichkeiten hatte er schon seit längerem verzichtet. Zwischendurch war er in einem Schwurgerichtsprozeß als Beisitzer eingesetzt. Es war ein sehr teures und langwieriges NS-Verfahren. Als er es auf ungewöhnliche Weise zu retten versuchte, wurde gegen ihn ein Disziplinarverfahren eröffnet. Danach hat er sich das Leben genommen.

Kurz vor seinem Tod hatte eine Gruppe Berliner Assistenten und Jurastudenten, die sich mit Mietrecht beschäftigen, mit ihm ein Gespräch über die Unabhängigkeit des Richters geführt. Man kannte seine Rechtsprechung und wollte wissen, ob deswegen Nachteile von der Justizverwaltung zu befürchten seien. Ein Teil seiner Antwort aus dem Tonbandprotokoll:

»Ich bin im Moment etwas befangen, weil ich Repressionen aus einem anderen Grunde ausgesetzt bin. Eben aus dem Grunde, weil ich mich mit dem Problem auseinandergesetzt habe, das die Meinungsfreiheit des Richters und Treuepflicht gegenüber dem Staat betrifft, weil ich eben diese Presseerklärung abgegeben habe im Sommer, die dem Justizministerium nicht gepaßt hat, d. h. sie haben eine Vorermittlung gegen mich eingeleitet, der ich mit Gelassenheit entgegensehe. Es ist zunächst einmal überhaupt unerwünscht, wenn Beamte und Richter an die Öffentlichkeit treten. Da reagiert der Staat unheimlich gereizt, wenn man irgendwelche Mißstände kritisiert, selbst wenn man das in einer sachlichen Form tut, selbst wenn man sich dazu genötigt fühlt. Das ist der eine Punkt.

Jetzt, was die Mietrechtsprechung angeht, hütet man sich natürlich, äußerlich den Anschein zu erwecken, man greife in die Rechtsprechung ein. Äußerlich hütet man sich, aber es existiert eine Repression. Es besteht die Gefahr, will ich mal sagen, daß so eine indirekte Repression ausgeübt wird, die schlecht nachzuweisen ist und die schlecht zu belegen ist, die man aber doch zu spüren bekommt, wenn man auf Dauer eine Rechtsprechung oder eine Art der Verhandlungsführung an den Tag legt, die nicht gewünscht wird. Ich darf z. B. erinnern, damals im Jahre 1972 habe ich über die Räumung des Hauses Kettenhofweg verhandelt. Ich habe da mit den Hausbesitzern einen Vergleich zustande gebracht. Es war ein voller Sitzungssaal, und ich muß sagen, im allgemeinen hat sich das Publikum diszipliniert verhalten. Aber mir wurde vorgehalten, ich hätte einiges durchgehen lassen, daß geraucht wurde und daß Coca-Cola-Flaschen dagelegen hätten usw. Eigentlich hat man mir vorgeworfen, daß ich überhaupt mit Hausbesetzern verhandle. Das hat man mir natürlich nicht direkt gesagt, aber ich habe das zu spüren bekommen. Ich bin auf noch größeren Unwillen gestoßen, als ich noch den Schwurgerichtssaal nahm und fünfhundert Zuschauer da rein ließ. Das ist auf noch größeren Unwillen gestoßen und man bekommt das dann eben so zu spüren. Natürlich werden die sich hüten, offen zu sagen: ›Beförderungssperre‹, sondern es werden dann andere Gründe vorgeschoben. Es gibt da nicht nur Beförderungssperren, sondern es gibt dann auch Dinge, mit denen man einen ernannten Richter schikanieren kann, selbst wenn er nicht befördert werden will. Man läßt dann eben plötzlich sein Dezernat anwachsen, oder wenn man in Urlaub ist, kriegt man die mieseste Urlaubsvertretung. Es passieren dann so ganz komische Geschichten, es werden Anträge abgelehnt, die bei anderen nicht abgelehnt wurden. So ist das schon, wenn man eine gewisse Toleranzschwelle, die von der Verwaltung gewünscht wird, überschreitet. Dann bekommt man den Unwillen der Verwaltung indirekt zu spüren, und die Verwaltung, die Justizverwaltung hat so eine Form entwickelt, die teilweise besonders beispielhaft ist, insofern sie in gewisser Weise hinterhältig ist. Damit man sie nicht zu fassen bekommt, werden also Dinge so gemacht, daß man sie nicht richtig nachweisen kann, z. B. auch bei Beschwerden.«

Auf die Frage, von wem und wie der Druck ausgeübt werde, nachdem er häufiger nur über »sie« gesprochen hatte:

»Ja, das ist eben, wenn man so sagen will, das Teuflische. Es ist schwer durchschaubar, es ist auch schwer durchschaubar gemacht und das ›sie‹ ist erstmal das Justizministerium und die Bürokratie des Justizministeriums, die einen starken Einfluß hat.

Es ist so, wenn Sie sich unliebsam gemacht haben, dann werden gleich drei Leute auf Sie angesetzt, und Sie sind nur einer! Diese Bürokratie des Justizministeriums, die in direktem Kontakt mit dem jeweiligen Präsidenten steht – da gibt es Oberlandesgerichtspräsidenten, Landgerichtspräsidenten, die alle konform geschaltet sind zum Justizministerium –, übt natürlich sehr starken Einfluß aus. Sie, die Präsidenten, geben die Benotung für die Assessoren. Das machen zwar an sich die Vorsitzenden, aber der Präsident gibt dann die Gesamtbenotung, so daß sein Einfluß gewahrt bleibt. Bei Beförderungen geben sie die Benotungen, sie berufen das Präsidium ein, die Präsidien entscheiden zwar, aber die Präsidien machen in den meisten Fällen eben das, was die Prädidenten machen, und diese handeln wiederum aufgrund der Anweisungen aus Wiesbaden, und das ist eine anonyme Bürokratie. Wer das nun im einzelnen ist, das weiß man nicht so genau. Das ist eben eine gut ausgestattete, stark vorhandene kräftige Bürokratie. Herr Wassermann war eine Ausnahmeerscheinung, der paßte hier nicht in die Landschaft. Man hat ihm so lange zugesetzt, bis er sich eben dann nach Braunschweig abgesetzt hat. Man hat ihm durch Nadelstiche ständig Schwierigkeiten bereitet, das kann man machen, gerade als Landgerichtspräsident ist er ja auch der Weisungsgewalt unterworfen, des Oberlandesgerichtspräsidenten und des Justizministeriums, da ist er ja nicht richterlich unabhängig, sobald er Präsident ist. Das Wichtige ist, es gibt eine bestimmte Gruppe, man kann fast sagen ein Machtkartell von Senatspräsidenten und beförderten Richtern, die da mitmachen und diese Sache unterstützen. Man muß dazu sagen, die ›sie‹ – das ist sehr wichtig und ich habe ja mit den ›sie‹ zu tun und merke den großen Bruder, der da so im Hintergrund ist – das ist eine Bürokratie, die nicht nach außen in Erscheinung tritt, das ist die Ministerialratsebene, Ministerialdirigentenebene usw., die recht gut besoldet ist, deren Namen Sie aber nicht kennen, die im Anonymen bleiben, eine Fülle von Verfügungen und Vorarbeiten machen und alles dirigieren und dann, wenn das Ministerium einen Richter promovieren lassen will, also hervorheben, hochheben will, wenn es meint, der liefert genug Urteile ab – natürlich spielt erst mal die Examensnote eine Rolle und dann der Output, den er hat –, wenn er also genügend Urteile ausgestoßen und Belastbarkeit hat, dann darf er promovieren. Das ist geradezu lachhaft, wie dann immer gleich der Ausdruck Belastbarkeit auftaucht. Wenn er genügend belastbar ist, dann holt man den sich erst mal ins Ministerium als Hilfsarbeiter, der bleibt dann Richter. Da gibt es die schöne Bezeichnung Amtsrichter oder Oberlandesgerichtsrat im Justizministerium, obwohl er reiner Verwaltungsbeamter ist. Wer dann dort seine Probe bestanden hat, der steigt entweder im Ministerium auf oder kommt zurück als Senatspräsident oder als Direktor usw. Das nennt man das dritte Staatsexamen. Oder man holt ihn an das Oberlandesgericht, an entsprechende Senate, wo er dann entsprechend weiter dressiert wird. Der beste Weg aber geht über das Justizministerium.«

Ein Richter, der politisch abweichende Vorstellungen in seine Rechtsprechung einbringt, wird immer in Konflikte kommen, nicht nur mit seiner Justizverwaltung. Es gibt oppositionelle Richter, die das mit Figaros Heiterkeit überstehen können. Normalerweise wird man Kompromisse schließen, die Dietmar Kupke nicht schließen wollte. Wenn man dann allein ist, isoliert, ohne eine wenigstens kleine Gruppe, auf die man sich stützen kann, dann führt der Widerstand zum Opfer, bleibt die von der Verfassung garantierte Unabhängigkeit des Richters nur folgenloser Vorwurf, der »sie«, die pluralistisch Selbstgefälligen, weder in ihrer juristischen, noch in ihrer moralischen Behaglichkeit treffen wird.

So weit können die Wirkungen von Rechtsprechung auseinandergehen. In diesem Bereich ungefähr, zwischen dem Oben der Urteile des Supreme Court und ihren Wirkungen und dem Unten der Rechtsprechung von Dietmar Kupke und ihren Folgen, liegen die Möglichkeiten für Richter, die die Gesellschaft verändern wollen, zwischen Teilerfolg und Opfer. Dazwischen findet der tägliche Kleinkram statt, die Versuche, Kollegen zu überzeugen und weiter mit ihnen auszukommen, den *esprit de corps* zu wahren und in entscheidenden Situationen trotzdem die Angst vor Konflikten abzubauen. Man kann im Einzelfall praktische Humanität üben, darf aber keine Ansprüche an seine Karriere stellen. Man darf sie jedoch nicht außer acht lassen, denn je höher man in der Stufenfolge der Richterlaufbahn steht, desto größer ist die politische Wirkung, desto weniger Instanzen gibt es, die Entscheidungen wieder revidieren können. Schon die Einstellung wird Schwierigkeiten bereiten. Auch dazu hat sich Dietmar Kupke glaubhaft geäußert:

»Es wird zur Zeit bei der Einstellung peinlich darauf geachtet, wen man einstellt, daß man ja nicht die Falschen einstellt. Also die Radikalenfrage spielt schon gar keine Rolle mehr. Man guckt schon gänzlich außerhalb dieser Frage darauf, ob es nicht etwa einer ist, der privat widerspenstig ist oder zum Widerstand neigt. Wenn da einer, das kann ich ruhig sagen, wenn da einer ein paarmal in den Personalakten stehen hat, er neige zum Widerspruch und so, dann können Sie damit rechnen, daß im Moment bei dieser Großwetterlage dieser dann nicht in den Justizdienst eingestellt wird, weil sie sagen, aha, hier haben wir einen, der macht Stunk nachher. Da jetzt die Bewerber quasi Schlange stehen, können sie sich die Leute sehr stark aussuchen. Da machen die natürlich von dieser Sache Gebrauch, und das ist eben ganz gefährlich. Hier zeigt sich eine Existenzgefährdung, die den Leuten droht, wenn sie abgewiesen werden. Sie können höchstens noch in der Anwaltschaft unterkommen usw. Das ist eine Existenzangst bei den Assessoren, die Familie haben oder ähnliches. Wenn die rausfliegen bei der Lage auf dem Arbeitsmarkt im juristischen Sektor, der sichtbar schlecht ist hier in Frankfurt, bei der hiesigen Überbesetzung von Anwälten usw., ist das eine Existenzbedrohung. Diese Dinge spielen auch eine große Rolle; die Existenzangst, die wird auch bewußt eingeführt, um all diese Dinge zu ersticken.«

Nun ist es aber auch nicht so, daß »Linke« gar keine Chance haben. Es gibt welche, die befördert worden sind, sogar noch in letzter Zeit. Von Land zu Land, von Großstadt zu Kleinstadt und von Gericht zu Gericht ist das verschieden. Notwendig ist immer eine überdurchschnittliche juristische Qualifikation. Sie ist für fortschrittliche Richter noch viel wichtiger als für die anderen, die auch im allgemeinen Trott nach oben kommen können. Hat man sich den Ruf großer fachlicher Qualifikation erworben, verringert sich auch häufig die außerordentlich hemmende Distanz zu Kollegen und Verwaltung, wenn, wie üblich, bürgerliches Leistungsdenken mit persönlicher Wertschätzung zusammentrifft.

In Gesprächen mit »linken« Richtern erfährt man Unterschiedliches. Einige sind sehr resigniert, besonders in der Zivilgerichtsbarkeit mit ihrer Übermacht konservativen Denkens und konservativen Personals. Hier geht es ja im wesentlichen um Eigentumsschutz. In Scheidungssachen hat sich allerdings auch dort eine gewisse Liberalität, hat sich zum Beispiel die Konventionalscheidung praktisch gegen das Gesetz durchgesetzt. Am meisten optimistisch über ihre Möglichkeiten sind progressive Verwaltungsrichter, denn die Verwaltungsgerichtsbarkeit ist am wenigsten befaßt mit dem Schutz des Eigentums an Produktionsmitteln. In viel stärkerem Maße als die starre Zivilrechtsordnung und ihr noch härteres Schutzinstrument, das Strafrecht, sind die Verwaltungsgerichte mit sozialer Gestaltung befaßt, die den Bereich des privaten Unternehmens zurückdrängt. Man braucht nur an den großen Bereich der »Daseinsvorsorge« durch die Verwaltung zu denken. Auch im Arbeits- und Sozialrecht ist der Spielraum größer. Im Arbeitsrecht, das unmittelbar in das Privateigentum am Unternehmen eingreift, wird er allerdings für den einzelnen Richter außerordentlich stark eingeschränkt durch den Instanzenzug. Je höher man kommt, desto mehr verstärkt sich die schützende Haltung zugunsten des Unternehmers. Über die konservative, ja reaktionäre Rechtsprechung des Bundesarbeitsgerichts ist genügend geschrieben worden. Es hat sich ohne Zweifel das Verdienst erworben, seit dem Beginn seiner Rechtsprechung, also seit mehr als zwanzig Jahren, den sichersten Schutz eines sehr freien Eigentums am Unternehmen gegeben zu haben.

In der untersten Instanz haben wir an den Zivil- und Strafgerichten die Einzelrichter. Sie sind sehr unabhängig, frei, nicht eingebunden in das Kollegium einer Kammer. Kein Zufall also, wenn sich hier am häufigsten unabhängiges Denken zeigt. Ein nicht unbedeutender Teil der Anstöße für die Justizreform kam aus ihrem Kreis. Allerdings werden ihre Möglichkeiten stark eingeschränkt durch die übergeordneten Kollegialgerichte. Trotzdem bleibt ein gewisser Rest, den sie mit ihren Entscheidungen vorstrukturieren, präjudizieren können. Und besonders in sehr individuellen Fragen haben sie einen vom Obergericht kaum revidierbaren Spielraum. So ist auch das Individualarbeitsrecht – das Recht des einzelnen Arbeitsverhältnisses mit den Fragen des Kündigungsschutzes, des Urlaubs, des Mutterschutzes oder der betrieblichen Altersversorgung – insgesamt progressiver als das kollektive. Im kollektiven Arbeitsrecht, im Arbeitskampfrecht von Streik und Aussperrung, sind wir weit zurück hinter dem, was die Arbeiterbewegung in der Weimarer Zeit erkämpft hatte.

Vor einigen Jahren hat ein Richter aus dem Kreis der Reformer, Diether Huhn aus Berlin, folgendes geschrieben:

»Es gibt nur eine Oppositon gegen den Gesetzgeber und gegen die Exekutive, die die Verfassung außerhalb des Parlaments legitimiert und mit Machtvollkommenheit ausstattet, die die bloße Meinungsäußerung gegenüber dem gehörlosen Gesetzgeber nicht besitzt: Das ist die Opposition der Richter.

Opposition zu üben wird in einer Gesellschaftsordnung, wie es die unsrige (nicht notwendig, aber zur Zeit) ist, die wesentliche Aufgabe der Richter. Sie müssen das juristische Scheinwesen entlarven und mit möglichster Freiheit davon Gebrauch machen, sich nicht an die Worte, sondern an den Geist der Gesetze zu halten. Sie müssen Widerstandsgeist aufbringen.«

Dahinter steht die Vorstellung, daß der Gesetzgeber auch schon wegen der Schwerfälligkeit des parlamentarischen Apparats nicht mehr in der Lage ist, schnell auf Veränderungen zu reagieren, die Vorstellung also, Richter sollten dazu übergehen, eine Art Minderheitenschutz für die sozial Schwächeren zu entwickeln und auf diese Weise sich aus einer »Machtelite wider Willen« in eine Gruppe verwandeln, die die soziale Gestaltung der Gesellschaft bewußt in die Hand nimmt: die Vorstellung vom sozialen Wandel durch Richterrecht. Diese Vorstellung ist für die Gegenwart und für die nächste Zukunft sicher unrealistisch, denn der Bereich, in dem die Tätigkeit progressiver Richter möglich und sinnvoll ist, das haben wir gesehen, ist viel zu schmal. Sicher ist daran richtig, daß Rechtsprechung und Recht nicht naturnotwendig konservativ sein müssen. Selbstverständlich können auch Richter mithelfen, die Gesellschaft vorwärts zu drängen. Sie haben das in der Vergangenheit, im Übergang vom Feudalismus zur bürgerlichen Gesellschaft, auch schon getan. Aber ein Blick auf die richtersoziologischen Untersuchungen der letzten Zeit muß genügen, um unserer Justiz solche Zumutungen heute zu ersparen. Trotzdem brauchen wir progressive Richter. Sie sind ein wichtiges Potential für den Fall, daß sich die sozialen Machtverhältnisse ändern. Das zeigt das Beispiel des Supreme Court in den Vereinigten Staaten. Das Potential muß vergrößert werden. Und sie können im Einzelfall helfen, soziale Ungerechtigkeiten auszugleichen, praktische Humanität üben.

III.

Über die Berufspraxis linker *Anwälte* hat es schon 1969 in Berlin eine ausführliche Diskussion gegeben, die wir heute an den Erfahrungen der letzten Jahre überprüfen können. Sie wurde geführt in der *Roten Pressekorrespondenz,* begonnen von Referendaren, fortgeführt vom sozialistischen Anwaltskollektiv und beendet mit einem studentischen Beitrag.

Die Referendare waren der Meinung, es gäbe keinen Bedarf an »subjektiv sozialistischen Anwälten«. Liberale Anwälte »die formalistische Rechtsfindungsmechanismen virtuos und skrupellos handhaben«, könnten als Verteidiger den Genossen viel mehr Schutz bieten. Politische Argumentation vor Gericht könne richterliche Beurteilung und Entscheidungen nicht im günstigen Sinne beeinflussen. Sie sei im Gegenteil schädlich. Man könne auch nicht den Konflikt mit seinem gesamten politischen Zusammenhang in das Gericht hineintragen. Der Anwalt habe nur die Funktion, zu vermitteln, zu übersetzen, sich einbinden zu lassen in die scheinbar neutrale Rechtsordnung, und damit schade er nur der Emanzipation seines Mandanten.

Das sozialistische Anwaltskollektiv, damals auch noch vertreten durch Horst Mahler, widersprach. Sozialisten dürften liberalen Anwälten nicht das Feld überlassen. Dadurch würden die einzelnen Fälle ihrer politischen Inhalte beraubt und das rechtsstaatliche Image der Justiz nur aufgeputzt. Sozialistische Anwälte hätten die Aufgabe, den juristischen Gewaltapparat möglichst ineffektiv zu machen, in ihm unter Ausnutzung seiner Widersprüche und der Verschleierungsbedürfnisse der Herrschenden Freiräume zu erkämpfen und schließlich den Massen die Rechtsbrüche der Herrschenden aufzuzeigen, die Verletzung des sozialen Kompromisses, um Impulse zu wecken, die die Massen veranlassen können, den Waffenstillstand aufzukündigen und zum offenen Klassenkampf überzugehen.

Die Studenten widersprachen den Anwälten und gaben den Referendaren Recht. Prozesse seien kein wesentliches Moment der Propaganda. Das verinnerlichte Rechtsbewußtsein der Arbeiterklasse könne nicht durch Justizkonflikte aufgebrochen werden, sondern nur durch Aufbrechen der bestehenden Gewaltverhältnisse. Mahlers Argumentation bedeute letztlich die Anerkennung einer quasineutralen Rechtsordnung. Rechtsbrüche der Staatsgewalt hätten im übrigen den gegenteiligen Erfolg. Machtverhältnisse würden dadurch nicht in Frage gestellt, sondern bestätigt. In einem Prozeß komme es nur darauf an, glimpflich davonzukommen. Einen Kampf gegen die Justiz könne eine Anwaltskanzlei ohnehin nicht führen, weil sie zur Erhaltung ihrer ökonomischen Basis auf die Führung von Prozessen angewiesen und überhaupt die Einhaltung der Legalität die notwendige Voraussetzung der Berufspraxis eines Anwalts sei. Also könne die Justizkampagne an den Hochschulen nur in der »Politisierung von Erstsemestern zum Zwecke deren Abwerbung« bestehen.

Eine ähnliche Diskussion wurde ein Jahr später in den Vereinigten Staaten unter den radical lawyers geführt, in ihrer Zeitschrift *The National Lawyers Guild Practitioner.* Sie sind Anwälte und zum Teil Mitglieder von militanten linken Organisationen, also zum Beispiel der Black Panthers. Die Diskussion fand statt zwischen Arthur Kinoy, einem Hochschullehrer an der Rutgers Law School in Newark, New Jersey, und Jonathan Lubell, der als Anwalt in New York lebt.

Kinoy meinte, die bürgerliche Demokratie entwickele sich durch Abbau bürgerlicher Rechte und Freiheiten immer mehr zum Faschismus. Der Anwalt habe die Aufgabe, in den einzelnen Prozessen diese Entwicklung zu verhindern und außerdem durch Aufklärung über die Rechtsbrüche ihnen die Legitimation zu entziehen, sie zu entmystifizieren und damit das Volk weiter zu radikalisieren. Lubell warf Kinoy vor, das sei eine reformistische Haltung. Es sei unsinnig, den Eindruck zu erwecken, man könne die Gerechtigkeit erhalten, wenn nur die Herrschenden aufhören, faschistische Mittel einzusetzen. Man müsse das Volk darüber aufklären, daß das System die Gerechtigkeit, von der es spricht, überhaupt nicht gewähren könne. Revolutionäre Anwälte hätten die reformistische Tendenz ihrer Tätigkeit offen zuzugeben und im übrigen dafür zu sorgen, daß die personelle Schlagkraft ihrer Organisationen durch Freisprüche, niedrige Verurteilungen und Herabsetzung von Kautionen erhalten bleibe.

Die Zahl der linken Anwälte ist in der letzten Zeit stark gestiegen. Es hat sich auch erwiesen, daß der liberale Anwalt in politischen Prozessen nicht der bessere, sondern häufig der schlechtere Verteidiger ist. Ein politischer Prozeß hat für den Staat auch und in erster Linie Propagandafunktion. Er ist eine politische Auseinandersetzung mit dem politischen Gegner mit einer sehr großen öffentlichen Resonanz. In dieser Auseinandersetzung mit dem Gericht kennt der Angeklagte die konkrete politische Situation meistens besser als der Anwalt, dessen Aufgabe es also auch ist, technische Hilfestellung für die politische Argumentation seines Mandanten zu geben. Beim liberalen Anwalt kann man die dafür notwendige Loyalität nicht voraussetzen. Und nur bei einer loyalen politischen Zusammenarbeit zwischen Verteidiger und Mandant können beide, was manchmal möglich ist, von der Defensive in die Offensive gehen, die Rolle zwischen Angeklagtem und Richter vertauschen und das Propagandainstrument des politischen Prozesses in ihre eigenen Hände nehmen, wie es zum Beispiel im ersten Prozeß gegen Horst Mahler über den Zeugen Ruhland gelungen ist.

Man kann auch mit politischer Argumentation Entscheidungen in Strafsachen positiv beeinflussen. Es gibt Beispiele aus der letzten Zeit, selbstverständlich auch Fälle, in denen es schädlich war. Allgemeine Regeln gibt es nicht. Der Verteidiger muß seinen Mandanten in jedem Einzelfall aufklären und ihm dann die Entscheidung überlassen, ob er sich politisch verteidigen will oder nicht. Viele Mandanten wollen bewußt die politische Auseinandersetzung mit dem Gericht aufnehmen und nicht »glimpflich davonkommen«. Diese Entscheidung hat ein Verteidiger zu respektieren, und dann ist in der Regel der linke Anwalt der bessere Verteidiger.

Die politische Funktion einer solchen politischen Verteidigung ist die des normalen politischen Tageskampfes, nicht mehr. Die »Rechtsbrüche der Herrschenden« werden die Arbeiterklasse erst dann mobilisieren, wenn sie unmittelbar selbst betroffen ist, nicht als abstrakte Verletzungen eines abstrakten Rechts. (Gerade die Arbeiterschaft ist außerdem sehr rechtsgläubig, glaubt damit auch den Gerichten als den eigentlichen juristischen Autoritäten. Das haben die Untersuchungen Ernst Fraenkels sehr deutlich gezeigt.) Aber auch dieser politische Tageskampf ist notwendig. Hier hat der linke Anwalt seine legitime Aufgabe, die dann natürlich nicht darin bestehen kann, den juristischen Gewaltapparat »möglichst ineffektiv« zu machen. Die Effizienz von Justiz hat trotz vieler solcher Versuche keinen Schaden gelitten. Juristische Arbeit mit rechtswidrigen Mitteln ist das Unternehmen, ein Bankhaus mit Falschgeld zu betreiben. Es leistet im übrigen nur Vorschub für eine außerordentlich wirksame Verstärkung der politischen Propaganda gegen die politische Linke. Und die staatlichen Reaktionen werden ausgetragen auf dem Rücken des kleinen Kriminellen, der heute schon darunter zu leiden hat, daß ihm die Gerichte mit den neuen Gesetzen den Verteidiger seines Vertrauens ausschließen können und auch tatsächlich ausschließen. Jeder Strafverteidiger, auch der unpolitische, kommt an Randbereiche der Legalität. Hier die Balance zu halten, ist auch sonst nicht leicht. Der linke Anwalt aber muß besonders sorgfältig sein, noch viel genauer als seine liberalen Kollegen, weil er viel intensiver beobachtet wird.

Nicht nur in Strafverfahren gibt es politische Prozesse. In den letzten Jahren ist das öffentliche Recht immer wichtiger geworden, besonders wegen der großen Zahl der Berufsverbote, die von den Verwaltungsgerichten überprüft werden. Das Schulrecht hat stark an Bedeutung zugenommen, besonders in der Praxis progressiver Lehrer, die dringend mehr juristische Beratung brauchen. Die Situation vor dem Verwaltungsgericht ist etwas anders als die vor den Strafgerichten. Es ist nicht selbst unmittelbar Instrument des Staates zur Bekämpfung des politischen Gegners wie das Strafgericht, nicht eine aktive, sondern eine passive Instanz zur Überprüfung von Maßnahmen staatlicher Behörden, und zwar eine Instanz, die sich besonders in ihrer Rechtsprechung seit dem letzten Krieg im allgemeinen als ziemlich kritisch erwiesen hat gegenüber staatlichen Eingriffen in die Rechte von Bürgern. Es ist ein ruhigeres Verfahren, das andere Gesetze kennt, nicht den offenen Kampf zwischen dem Gericht auf der einen und dem Mandanten und seiner Verteidigung auf der anderen Seite. Auch fehlt die große Resonanz in der Öffentlichkeit. Der politische Anwalt ist hier nicht so notwendig wie dort. Auf der anderen Seite geht es sehr häufig um Fragen von existentieller Bedeutung für den Mandanten, in denen es für ihn sehr wichtig sein kann, von einem Anwalt vertreten zu werden, zu dem er auch politisches Vertrauen hat. Merkwürdig wenig ist bisher nachgedacht worden über die politische Funktion der Tätigkeit linker Anwälte in Mietsachen und im Arbeitsrecht. Meistens ging es eben doch – in Strafverfahren wie in Verwaltungsprozessen – nur um die Vertretung von Akademikern. In Miet- und Arbeitssachen werden die Interessen der großen Zahl der Lohnabhängigen unmittelbar berührt. Die Erfahrungen mit der Stadtteilarbeit haben aber gezeigt, daß es möglich ist, ideologische Verkrustungen aufzubrechen, wenn unmittelbar am Ort ihre Interessenvertretung organisiert wird. Das ist auch linken Anwälten möglich, wenn sie sich auf diese Tätigkeit spezialisieren. Sie können sich in den Stadtteilen zu »Volksanwälten« entwickeln.

Fast gar nicht beachtet worden ist die Tätigkeit der Gewerkschaftsjuristen, genauer gesagt, der Rechtsschutzsekretäre der Gewerkschaften, ein Beruf, der bisher allgemein wenig bekannt ist. Die Gewerkschaften geben ihren Mitgliedern Rechtsschutz vor den Arbeitsgerichten, für Ausländer wegen der Aufenthaltsfragen auch vor den Verwaltungsgerichten. Sie haben dafür hauptamtliche Rechtsschutzsekretäre, die entweder auf den gewerkschaftseigenen Schulen im Arbeitsrecht ausgebildet worden sind oder als Juristen von der Universität kommen, bisher meistens allein mit dem Referendarexamen. In der letzten Zeit, in der sich der Arbeitsmarkt auch für Volljuristen verschlechtert hat, konnten sie auch Assessoren einstellen (zum normalen Anfangsgehalt für Akademiker in Angestelltenpositionen). Ihre Hauptaufgabe ist die Vertretung der Gewerkschaftsmitglieder vor den Arbeitsgerichten. Sie sind aber auch zuständig für Rechtsauskünfte, müssen an Betriebsversammlungen teilnehmen und an Besprechungen mit dem Unternehmer. Die Arbeitsbelastung ist sehr groß (dafür gibt es auch noch Aufstiegsmöglichkeiten). Der Rechtsschutzsekretär hat also im wesentlichen die Funktion eines Anwalts. Vollmacht und Auftrag fallen allerdings auseinander. Die Vollmacht für die Prozeßführung hat er vom einzelnen Mitglied, den Auftrag von der Gewerkschaft. Daraus kann sich in Extremfällen eine zwiespältige Rolle ergeben, wenn zum Beispiel die Nichtigkeit einer Tarifvereinbarung Gegenstand des Streites ist, die die Gewerkschaft für gültig, der Mandant aber für ungültig hält. Nun, solche Fälle werden die Ausnahme bleiben, und große politische Entscheidungen wird er ohnehin nicht treffen, auch nicht vor Gericht herbeiführen können. Auch hier wird es bei politischer Tagesarbeit bleiben. Änderungen der stark konservativen Rechtsprechung im allgemeinen Arbeitskampfrecht der Gewerkschaften sind für die nächste Zeit nicht zu erwarten. Aber im Individualarbeitsrecht, also in Streitigkeiten über das einzelne Arbeitsverhältnis, in Urlaubsfragen, bei der betrieblichen Altersversorgung oder im Mutterschutz, wird er Erfolge zugunsten der Arbeitnehmer erzielen können, von Fall zu Fall auch in Fragen des Kündigungsschutzes. Seine juristische Arbeit ist zwar nur eine politische Nebenfront: Sie kann den Kampf der Arbeiter im Betrieb nicht ersetzen, aber sie kann ihn unterstützen. Und manchmal, bei größeren Erfolgen des Betriebsrats gegen die Geschäftsleitung, erscheint sie für viele sogar als Hauptfront, an der die Einheit der Belegschaft auf diese juristische Weise hergestellt werden kann.

IV.

Ein kurzer Blick ist noch notwendig auf die Tätigkeit des Verwaltungsjuristen und des Hochschullehrers. Der Verwaltungsjurist ist ein wesentliches Element im machtvollen Apparat der Exekutive. Er ist nicht nur befaßt mit Rechtsanwendung wie die Richter, sondern in noch höherem Maße mit Rechtsgestaltung und Rechtsschöpfung. Durch ihre Verbindung mit der jeweiligen Mehrheit im Parlament und ihren großen Einfluß auch auf die Gesetzgebung ist die staatliche Verwaltung ein viel stärkeres politisches Machtinstrument als die Rechtsprechung der Gerichte. Insofern sind auch die politischen Einflußmöglichkeiten progressiver Juristen hier noch größer als in einem Gericht. Aber auch nur insofern. Denn im Gegensatz zum Richter ist er auch formal abhängig, weisungsgebunden gegenüber der Verwaltungsspitze. Mit abweichenden eigenen politischen Vorstellungen wird er sich nie sehr weit durchsetzen, aber je nach der Situation wenigstens teilweise. Er kann die Richtungen leicht verändern. Mehr kann er nicht. Aber das kann im Einzelfall sehr viel sein, mehr als ein Richter oder Anwalt für den politischen Kampf zu leisten vermag. Und es wird desto mehr sein, je höher seine Position und je liberaler die Politik der Verwaltungsspitze ist.

Am freiesten von allen ist der Hochschullehrer. Trotz der Erfolge der Neuen Rechten auch an den Hochschulen in der letzten Zeit ist hier die Atmosphäre immer noch die liberalste. Keine Berufungsinstanz kann die Lehrmeinung eines sozialistischen Hochschullehrers aufheben, kein Regierungsdirektor ihn anweisen, das Arbeitsrecht der Bundesrepublik als neutrale Friedensordnung zu feiern. Er ist frei in Forschung und Lehre. Die Zahl der linken und linksliberalen Hochschullehrer an den juristischen Fakultäten und Fachbereichen ist nicht groß, aber größer als man allgemein glaubt. Sie arbeiten im wesentlichen nur an einer kleinen Zahl von Universitäten – in Berlin, Bremen, Frankfurt, Hannover – und sind auch dort nicht in der Mehrheit, aber sie können frei arbeiten. Ihre Bedeutung dürfte nicht gering sein, wie man an der Aufregung ablesen kann, die jedesmal entsteht, wenn wieder einer berufen werden soll. Sicher, auch sie müssen die Studenten im Recht der bürgerlichen Gesellschaft ausbilden, das nicht sie bestimmen, sondern die erdrückende Mehrheit der »herrschenden Meinung«. Und sie müssen das so gut wie irgend möglich tun, damit die Studenten, worauf sie einen individuellen Anspruch haben, für ihren Beruf so gut wie möglich ausgebildet sind. Auch sind die Möglichkeiten der Hochschullehrer, auf die Prüfungsordnungen einzuwirken, nur sehr gering. Wie bei den Medizinern und Lehrern ist bei den Juristen die Einheit von Lehre und Prüfung seit langem verlorengegangen.

Die Universität lehrt, der Staat prüft (unter Beteiligung von Hochschullehrern). Gerade im Recht – neben dem Militär auch heute noch das wichtigste Herrschaftsinstrument – erscheint es dem Staat zu gefährlich, das Prüfen den Hochschulen zu überlassen.

Die politische Funktion progressiver Hochschullehrer darf man trotzdem nicht unterschätzen. Sie haben in der Lehre die doppelte Aufgabe, in der großen Masse der Studenten ideologische Strukturen aufzubrechen und die kleinere Zahl progressiver Studenten zu ermutigen und wissenschaftlich zu unterstützen. Rechtswissenschaft, wie sie an den Universitäten betrieben wird, hat ja nicht nur Entscheidungstechniken zu liefern für die Lösung von Problemen in der juristischen Praxis; sie hat in gleichem, vielleicht sogar noch in höherem Maße die Bedeutung, als scheinneutrales Regelsystem – besonders durch seine hohe Abstraktion – die Sozialisation der jungen Juristen während ihrer Ausbildung in stark konservative Richtung zu drängen. Dieser unbewußte und politisch außerordentlich wirksame Prozeß wird durch Aufklärung mindestens teilweise unterbrochen. Damit können die Arbeitsbedingungen für progressive Juristen langfristig allgemein verbessert werden, die nämlich desto besser sind, je liberaler und weniger konservativ die Umgebung ist, in der sie zu arbeiten haben.

Daneben steht die Arbeit in der Forschung, wie man auch bei Juristen die literarische wissenschaftliche Tätigkeit nennt. Sie beeinflußt sehr stark die Praxis in Justiz und Verwaltung. Dieser Prozeß der Entstehung, der Herstellung von Recht ist nicht sehr kompliziert. Er vollzieht sich in der Entwicklung der »herrschenden Meinung« – von der die politisierten Jurastudenten der ausgehenden sechziger Jahre kalauerten, sie sei die Meinung der Herrschenden, womit sie etwas vergröbert auch zutreffend beschrieben ist. Im Recht entstehen ständig neue Probleme, für die es nicht sofort allgemein anerkannte Lösungen gibt. Die allgemein anerkannten Lösungen eben dieser herrschenden Meinung entstehen in einem sich manchmal über Jahre hinziehenden Wechselspiel zwischen der Rechtsprechung und der juristischen Literatur. Häufig beginnt es mit einigen Zeitschriftenaufsätzen. Dann ergehen – meistens noch unterschiedliche – Entscheidungen von unteren und mittleren Gerichten, die in diesem Stadium ebenfalls in den juristischen Zeitschriften veröffentlicht werden.

Sie beziehen sich in der Regel auf die zunächst erschienene Literatur. Danach werden diese Entscheidungen wieder in der Literatur – kritisch oder zustimmend – behandelt, und schließlich ergeht die Entscheidung eines obersten Gerichts, des Bundesgerichtshofes, des Bundesarbeitsgerichts oder des Bundesverwaltungsgerichts, mit der dann meistens die herrschende Meinung entstanden ist, wenn nicht, was auch vorkommt, doch noch gegen diese Entscheidung erheblicher Widerstand in der Rechtsprechung der mittleren Gerichte oder in der Literatur bestehen bleibt. Es ist ein sehr sinnreicher, wenn man so will organischer Prozeß eines sich selbst regulierenden, scheinbar freien juristischen Marktes, auf dem sich die besten Argumente durchsetzen sollen. Allerdings haben die einzelnen juristischen Anbieter ein doch sehr unterschiedliches Gewicht, nicht nur die Untergerichte weniger als die Obergerichte. Auch in der Literatur kann die Stimme des einen so stark wie die aller anderen oder stärker sein, wenn er die entsprechende Autorität hat. Solche wissenschaftliche Autorität entsteht durch Leistung und Haltung, also durch technische Leistung und politische Haltung. Die Leistung muß gut und die Haltung richtig sein. Fehlt entweder das eine oder das andere, entsteht keine Autorität. Also sind unsere juristischen Autoritäten überwiegend konservativ, auch und besonders in der Wissenschaft. Also ist das Gewicht der Stimme eines progressiven Hochschullehrers bei der Herstellung von herrschender Meinung nicht sehr groß. Man setzt sich mit ihm auseinander, denn formal ist es ein Markt von Freien und Gleichen, aber man nimmt ihm kaum etwas ab. Trotzdem ist seine Arbeit auch hier politisch sinnvoll. Er hat so ungefähr die Funktion einer freien Tankstelle, kann von Fall zu Fall verhindern, daß die Autoritätskonzerne ihr Monopol überziehen, weil wir eben auch im Recht die Fiktion des freien Marktes – und das heißt hier: logisch-systematische Stringenz der Argumente – aufrechterhalten. In der juristischen Diskussion bei der Entstehung von herrschender Meinung erfüllt er diese Funktion, weil er eine extreme Position einnimmt, auf die Liberale verweisen können, um sich dann mit ihrer Mittelmeinung durchzusetzen. Besonders im Arbeitsrecht läßt sich dieser Prozeß sehr gut verfolgen. Fortschrittliche Hochschullehrer müssen sich also in diesen Prozeß der Produktion von »herrschender Meinung« mit den normalen konventionellen Methoden einschalten, so sehr ihnen das widerstreben mag. Vielleicht wäre manches im Recht der Berufsverbote milder ausgefallen, wenn sie dies intensiver getan hätten.

V.

Frag und weise Lehre bringen große Ehre. Kann man mit Recht soziale Machtverhältnisse verändern? Kann der Jurist, der progressive, linke, sozialistische Jurist auf die Gesellschaft wirken? Wie die Frag, so ist die Antwort (Christoph Lehmann, Politischer Blumen-Garten, 1662), nämlich, konkret vorgeführt, allgemein zusammengefaßt, abstrakt, aber ohne Zögern: ein wenig. Die Tendenz der Studentenbewegung – »weg vom Jus« – war falsch, war die alte, längst überwundene Unbeteiligtheit des Marxismus am bloßen juristischen Überbau, die »marxistische Distanz zum Recht« (Ernst Bloch), war das alte Mißverständnis der großartigen Schilderung im Vorwort zur *Kritik der politischen Ökonomie,* blaue Reihe Band 13, Seite 8 und 9: »Mit der Veränderung der ökonomischen Grundlage wälzt sich der ganze ungeheure Überbau langsamer oder rascher um« und so weiter. Hatte man die Chancen in anderen Bereichen, in denen man sich selbst als Wissenschaft zur Produktivkraft ernannte, zu hoch, so hatte man sie hier zu gering geschätzt. Es gibt eben eine relative Selbständigkeit der Rechtssphäre, besonders in Ländern mit rezipiertem römischen Recht und seinem – ökonomisch notwendigen, sich dann aber teilweise verselbständigenden – Zwang zu Berechenbarkeit und Kalkulation. Ernst Bloch hat klar und klug beschrieben, wie die Allgemeinheit des positiven Gesetzes zwar Handlangerdienst bedeutet zum Schutz des Privateigentums an den Produktionsmittelns, gleichzeitig aber eine Eigengesetzlichkeit der Rechtsform entsteht, die sich zu einem Teil wenigstens der Herrschaft des ökonomischen Interesses entzieht, besonders in der Freiheit der alten Grundrechte des klassischen Naturrechts. Er hat gezeigt, daß es schon einmal eine Zeit gegeben hat in der Geschichte des Rechts, in der es nicht gebremst, sondern mit nach vorn gedrängt hat, als aus feudalen und absolutistischen Zwängen sich die bürgerlichen Freiheiten entwickelten, daß es also nicht notwendig zu seinem Begriff gehört, fortschrittliche Bewegungen zu verhindern.

Man kann es aber auch übertreiben. Von französischen Kommunisten ist die Konzeption des Rechts als demokratischer Gegenmacht entwickelt worden. Danach enthält das Recht der bürgerlichen Gesellschaft eine Art Gegenrecht, Normen, die demokratische Volksinteressen sichern und durch ihren Kompromißcharakter bürgerliche Klassenherrschaft mildern, zum Beispiel das Streikrecht, das eine Ausnahme im System des bürgerlichen Rechts darstellt, indem Vertragsbruch nicht die normalen Sanktionen zur Folge hat, oder das soziale Mietrecht oder der Arbeiterschutz. Das permanente Ziel der ausgebeuteten Klasse sei die maximale Ausweitung des Gegenrechts. Soweit so gut. In abgewandelter Form, mit der Vorstellung, dieser Kampf könne auch und in erster Linie von progressiven Juristen geführt werden, wird die Theorie vom Recht als Gegenmacht heute auch bei uns vertreten. Daran ist ohne Zweifel richtig, daß in der parlamentarischen Demokratie das Recht eine Art Waffenstillstandslinie bezeichnet, nicht ein Gleichgewicht, aber eine Ruhelage entsprechend dem Kräfteverhältnis der sich bekämpfenden Klassen. Das erklärt den Nutzen legaler Positionen, auch in der politischen Auseinandersetzung. Ein Unterschied ist es aber, ob die Arbeiterbewegung das Streikrecht, den Achtstundentag etc. erkämpft, ob also auf diese Weise Recht aus Politik entsteht, oder ob der Jurist mit dem Recht auf die Politik wirken will. Hier ist der Spielraum, das ist im einzelnen beschrieben worden, sehr viel kleiner. Recht kann den politischen Kampf nicht ersetzen, aber unterstützen. Eine Gegenmacht in diesem Sinne ist es nicht.

Es bleibt eine Frage der Zahl. Es gibt heute nur eine sehr kleine Gruppe progressiver Juristen, die Reformer eingeschlossen. Die Wirkung ihrer Arbeit wird desto größer sein, je mehr es sind, je stärker die gegenseitige Unterstützung ist. Wenn Richter oder Verwaltungsbeamte auf entsprechende Literatur zurückgreifen können – und wenn es nur Minderheitsmeinungen sind, die dann jedenfalls juristisch vertretbar werden –, erleichtert das ihre Arbeit, erhöht es die Trefferquote. Wenn in den mittleren und oberen Instanzen das Monopol des deutschen Richterbundes langsam durchbrochen wird, erhöht das die Chance, daß dort Entscheidungen ab und zu bestätigt und nicht nur aufgehoben werden. Hat ein Gericht eine größere Zahl progressiver Richter, vermindert sich die Zahl der kleinen Schikanen, die bei der Verteilung der Arbeit beginnen und mit der Zuteilung des Zimmers enden. Für den Verwaltungsjuristen wie für den linken

Anwalt ist es wichtig zu wissen, daß er bei Gericht nicht nur auf Ablehnung stößt, vielleicht sogar Unterstützung findet. Im Zusammenspiel möglichst vieler progressiver Juristen in möglichst allen Bereichen des Rechts kann ihre Arbeit auf die Dauer ähnlich wirksam werden, wie sie es heute schon in Frankreich und Italien ist. Sie muß mit einer Aufklärungspolitik verbunden sein, die in den Schriften der Reformer begonnen worden ist. Möglichst viele in möglichst allen Bereichen. Dann wird wohl auch die zur Zeit noch ungeklärte Organisationsfrage gelöst werden. Das Fehlen einer Referenzgruppe ist jedenfalls für die wenigen, die heute meistens vereinzelt arbeiten, das größte Problem. Vorher wird allerdings noch ein anderes überwunden werden müssen, nämlich das der Berufsverbote, die auch für Juristen immer häufiger ausgesprochen werden. Ihre Folgen und die Dauer kann man jetzt noch nicht abschätzen. Jedenfalls werden sie eine progressive Entwicklung auch im Recht für die nächsten Jahre sehr behindern, weil sie gerade den am stärksten vorwärts drängenden Teil des juristischen Nachwuchses ausschließen und den anderen einschüchtern. Trotzdem bleibt die Antwort auf die Frage nach Nutzen und Nachteil der Jurisprudenz für den Fortschritt, ob der progressive Jurist mitwirken kann an der Veränderung der Gesellschaft: Er soll sich keine Illusionen machen, aber ein wenig kann er schon erreichen. In einer Gesellschaft der »verrechtlichten Politik« (Jürgen Seifert) ist Recht zwar nicht Ersatz, kann aber Unterstützung des politischen Kampfes sein.

Literatur

Die Literatur zur Justizreform wurde eingeleitet mit Untersuchungen zur Richter- und dann allgemein zur Juristensoziologie. Den Anfang machten *Walther Richter,* Die Richter der Oberlandesgerichte der Bundesrepublik. Eine berufs- und sozialstatistische Analyse, in: Hamburger Jahrbuch für Wirtschafts- und Gesellschaftspolitik, 5. Jahrgang 1960, Seite 241–259, und *Ralf Dahrendorf,* Bemerkungen zur sozialen Herkunft der Richter an Oberlandesgerichten. Ein Beitrag zur Soziologie der deutschen Oberschicht, in demselben Jahrbuch 1960 auf Seite 260–275. Der im Text genannte Aufsatz *Dahrendorfs* erschien in »Der Monat« Nr. 166, 1962, Seite 15–26, erweitert in: *Dahrendorf,* Gesellschaft und Demokratie in

Deutschland, 1965, Seite 260–276 (»Die Juristen des Monopols«) mit dem bekannten Resümee: »Ein seiner selbst ungewisses Reservoir der Machtelite wider Willen« (S. 276). Die wichtigsten Beiträge danach, in zeitlicher Reihenfolge: *Klaus Zwingmann,* Zur Soziologie des Richters in der Bundesrepubik, 1966; *Walther Richter,* Zur soziologischen Struktur der deutschen Richterschaft, 1968. *Wolfgang Kaupen,* Die Hüter von Recht und Ordnung. Die soziale Herkunft, Erziehung und Ausbildung der deutschen Juristen – Eine soziologische Analyse, 1969, *Wolfgang O. Weyrauch,* Zum Gesellschaftsbild des Juristen, 1970 (deutsche Übersetzung einer 1964 erschienenen amerikanischen Untersuchung über deutsche Juristen); *Wolfgang Kaupen/Theo Rasehorn,* Die Justiz zwischen Obrigkeitsstaat und Demokratie. Ein empirischer Beitrag zur Soziologie der deutschen Juristen, 1971.

Die erfolgreiche Phase der Schriften der Justizreformer beginnt mit *Theo Rasehorns* noch unter einem Pseudonym erschienenen Schrift: *Xaver Berra,* Im Paragraphenturm. Eine Streitschrift zur Entideologisierung der Justiz, 1966. Im gleichen Jahr: *Rudolf Wassermann,* Richter, Gesellschaft, Reform. Prolegomena zu einer zeitgemäßen Justizpolitik, in: Recht und Politik, 1966 Heft 3, Seite 10–17. Die wichtigsten Schriften danach: *Theo Rasehorn/Helmut Ostermeyer/Fritz Hasse/Diether Huhn,* Im Namen des Volkes? Vier Richter über Justiz und Recht, 1968 (die Deutsche Richterzeitung weigerte sich, das Buch anzukündigen oder zu rezensieren); *Ulrich Sonnemann* (Hrsg.), Wie frei ist unsere Justiz? Vom Systembau der Niedertracht, 1969; *Rudolf Wassermann* (Hrsg.), Erziehung zum Establishment. Juristenausbildung in kritischer Sicht, 1969; *Rudolf Wassermann* (Hrsg.), Justizreform, 1970; *Helmut Ostermeyer,* Strafunrecht, 1971; *Rudolf Wassermann,* Der politische Richter, 1972; Heft 1 der Zeitschrift »Vorgänge« (das Organ der Humanistischen Union), 1973, mit dem Thema: Klassenjustiz heute? mit Beiträgen von Rasehorn, Wassermann, Kaupen, Lautmann, Ostermeyer u. a.; *Rolf Bender,* Funktionswandel der Gerichte? in: Zeitschrift für Rechtspolitik, 1974, Seite 235–238; *Theo Rasehorn,* Recht und Klassen. Zur Klassenjustiz in der Bundesrepubik, 1974; *Rudolf Wassermann,* Justiz im sozialen Rechtsstaat, 1974. Die Bilanz der bisher Erreichten wird gezogen in Heft 12 der Zeitschrift »Vorgänge«, 1974, mit Beiträgen von Wassermann, Rasehorn u. a.

Fritz Teufels Zitat im Prozeß vor dem Landgericht Berlin um die Vorgänge während der Schahdemonstration am 2. Juni 1967 in: »Der Spiegel«, 1968 Heft 1, Seite 38. Einen guten Einblick in die antiautoritäre Technik der Verunsicherung der Justiz geben *Rainer Langhans/Fritz Teufel,* Klau mich (Voltaire Handbuch 2), 1968, mit ihrem Bericht über den Prozeß um die Kaufhausbrand-Flugblätter im Juli 1968 am Landgericht Berlin.

In der Mitte zwischen den Schriften der Reformer und der danach aufkommenden neuen marxistischen Rechtstheorie steht der Versuch einer politischen Kritik des Rechts von *Rudolf Wiethölter*, Rechtswissenschaft. Fischer Bücherei, Funkkolleg, 1968, mit großem Einfluß auf die juristische Studentengeneration der ausklingenden Protestbewegung. Hierher gehört auch *Hubert Rottleuthner*, Rechtswissenschaft als Sozialwissenschaft, 1973. Ein sehr gut gelungenes Unternehmen eines »politischen« Lexikons über Recht, etwa auf der linksliberalen Grundlage der Arbeiten der Justizreformer, ist: *Axel Görlitz* (Hrsg.), Handlexikon zur Rechtswissenschaft, 1972.

In *Wolfgang Abendroth*, Antagonistische Gesellschaft und politische Demokratie, 1968, 2. Aufl. 1972, sind die wichtigsten seiner Schriften aus der Adenauer-Zeit gesammelt (zum KPD-Verbot, zum Urteil des Bundesarbeitsgerichts über den schleswig-holsteinischen Metallarbeiterstreik usw.). *Ernst Bloch*, Naturrecht und menschliche Würde, 1961, ist erschienen als suhrkamp taschenbuch 8, 1972. Im übrigen beginnt die Literatur zur marxistischen Rechtstheorie mit Neudrucken älterer Werke: *Karl Renner*, Die Rechtsinstitute des Privatrechts und ihre soziale Funktion, 1904, Ndr. 1965, mit einer Einleitung von *Otto Kahn-Freund; Eugen Pašukanis*, Allgemeine Rechtslehre und Marxismus, 1929, Ndr. 1966, 3. Aufl. 1970; Abhandlungen aus der arbeitsrechtlichen Literatur der Weimarer Zeit, von Autoren des Kreises um Otto Sinzheimer (Heinz Potthoff, Ernst Fraenkel, Franz Neumann, Otto Kahn-Freund), sind gesammelt bei *Thilo Ramm* (Hrsg.), Arbeitsrecht und Politik, 1966; *Ernst Fraenkel*, Zur Soziologie der Klassenjustiz und Aufsätze zur Verfassungskrise 1931–32 (erschienen 1927–1932), Ndr. 1968; *Peter Stučka*, Die revolutionäre Rolle von Recht und Staat, 1921, deutsch 1969; *Franz Neumann*, Demokratischer und autoritärer Staat, 1971 (Aufsätze aus den Jahren 1935–1957, mit dem von der Studentengeneration der späten sechziger Jahre viel gelesenen Aufsatz »Der Funktionswandel des Gesetzes im Recht der bürgerlichen Gesellschaft«). Sie alle nehmen innerhalb einer materialistischen Auffassung vom Recht zum Teil sehr unterschiedliche Positionen ein. Das gilt auch von den neueren Abhandlungen. Die wichtigsten in zeitlicher Reihenfolge: *Hubert Rottleuthner*, Klassenjustiz? in: Kritische Justiz, 1969, Seite 1–26; *Jürgen Seifert*, Verrechtlichte Politik und die Dialektik der marxistischen Rechtstheorie, in: Kritische Justiz, 1971, Seite 185–200; *Wolf Rosenbaum*, Zum Rechtsbegriff bei Stučka und Pašukanis, in: Kritische Justiz, 1971, Seite 148–165; derselbe, Naturrecht und positives Recht, 1972; *Norbert Reich*, Sozialismus und Zivilrecht, 1972; derselbe, Marxistische Rechtstheorie zwischen Revolution und Stalinismus. Das Beispiel Pašukanis, in: Kritische Justiz, 1972, Seite 154–162; derselbe (Hrsg.), Marxistische und sozialistische Rechtstheorie, 1972, *Joachim Perels*, Kapitalismus und politische Demokratie. Privatrechtssystem und Gesellschaftsstruktur in der Weimarer Republik, 1973; *Wolf Paul*, Marxistische Rechtstheorie als Kritik des Rechts, 1974;

Jürgen Seifert, Grundgesetz und Restauration, 1974; *Hubert Rottleuthner* (Hrsg.), Probleme der marxistischen Rechtstheorie, 1975. Seit 1968 gibt es die Zeitschrift »Kritische Justiz« und seit 1970 die »Rote Robe«. Beide arbeiten auf der Grundlage einer materialistischen Rechtstheorie, die »Kritische Justiz« mehr theoretisch, wissenschaftlich, die »Rote Robe« mehr praktisch, aktuell.

Zur Frage der Klassenjustiz gibt es einen kurzen und guten Artikel von *Rüdiger Lautmann* im Handlexikon der Rechtswissenschaft (hrsg. v. Görlitz, 1972), Seite 248–252. Dort ist auch die übrige Literatur genannt. Zu ergänzen ist: *Theo Rasehorn,* Recht und Klassen, 1973. Die Schilderung der Klassenjustiz in England bei *Friedrich Engels* MEW 2.491 f. *Ernst Fraenkels* Buch »Zur Soziologie der Klassenjustiz«, 1927, ist oben schon genannt worden. Das Zitat von *Anatole France* stammt aus seinem Roman »Les lys rouge« (1894), Kapitel VII. 1.

Zum Abschnitt über die Tätigkeit des Richters: Einen ausführlichen und guten Bericht über die Rechtsprechung des Supreme Court der USA zur Rassendiskriminierung gibt *Andreas Heldrich* mit seinem Aufsatz »Höchstrichterliche Rechtsprechung als Triebfeder sozialen Wandels« im 3. Jahrgang des Jahrbuchs für Rechtssoziologie und Rechtstheorie, 1972, Seite 305–343. Dieser Jahrgang behandelt mit seinen Beiträgen allgemein das Thema »Zur Effektivität des Rechts«, sozialer Wandel durch Recht. Das von der Berliner Projektgruppe Mietrecht mit *Dr. Kupke* geführte Gespräch ist im vollen Wortlaut abgedruckt in der Zeitschrift »Kritische Justiz«: Heft 1, 1975. Die zitierte Äußerung von *Diether Huhn* findet sich in seinem Aufsatz »Anregung zu oppositioneller Justiz« in Theo Rasehorn/Helmut Ostermeyer/Fritz Hasse/Diether Huhn, Im Namen des Volkes? Vier Richter über Justiz und Recht, 1968, Seite 190. Im gleichen Sinn wie Huhn noch vor kurzer Zeit: *Rolf Bender,* Funktionswandel der Gerichte? in: Zeitschrift für Rechtspolitik, 1974, Seite 235–238. Zur Kritik an diesen Versuchen vgl. z. B. *Hans Heinrich Rupp,* Die Bindung des Richters an das Gesetz, in: Neue Juristische Wochenschrift, 1973, Seite 1769–1774, der den Reformern zu Unrecht den Vorwurf macht, sie wollten sich nicht an Gesetze halten.

Zur Tätigkeit des Anwalts: Die Berliner Diskussion in der »Roten Pressekorrespondenz« 1969 findet sich in den Nummern 23/24, 29 und 34. Einen Bericht darüber gibt *Klaus Lenk,* Revolutionäre Berufspraxis für Juristen? in: Kritische Justiz, 1969, Seite 415–421. Eine den Berliner Studenten ähnliche, nicht ganz so skeptische Haltung bei *Heinz Funke,* Berufsperspektiven für Sozialisten im Bereich der Justiz? in: diskus, frankfurter studentenzeitung, 1972, Heft 2. Über die Diskussion der radical lawyers in den Vereinigten Staaten berichtet *Jan Gehlsen,* »Radical Lawyers« in den USA, in: Kritische Justiz, 1971, Seite 95–101. Einen umfassenden Überblick über Geschichte und Funktion des politischen Prozesses gibt *Otto Kirchheimer,* Politische Justiz, 1965.

Entsprechende Literatur zur Berufspraxis von Verwaltungsjuristen und Hochschullehrern gibt es nicht. Ein interessanter Bericht über die Rekrutierung derjenigen Hochschullehrer, die heute im Arbeitsrecht die »herrschende Meinung« herstellen, bei: *Roderich Wahsner,* Das Arbeitsrechtskartell – Die Restauration des kapitalistischen Arbeitsrechts in Westdeutschland nach 1945, in: Kritische Justiz, 1974, Seite 369–386.

Zum letzten Teil: Die »marxistische Distanz zum Recht« bei *Ernst Bloch,* Naturrecht und menschliche Würde, 1972, Seite 206–238. Ähnlich, aus der damaligen Sicht der marxistischen rechten Sozialdemokraten, schon: *Gustav Radbruch,* Klassenrecht und Rechtsidee, in: Zeitschrift für soziales Recht, 1929, Seite 75–79. In der marxistischen Theorie ist es das Problem der sog. Wechselwirkungen oder Rückwirkungen, die besonders – in seinen »Altersbriefen« – *Friedrich Engels* beschrieben hat (MEW 37.411, 37.436 f., 37.490–494, 38.308, 39.96 f., 39.205–207). Gegen falsche Zweifel am Nutzen legaler Positionen, wie sie in der Studentenbewegung geäußert wurden: *Jürgen Seifert,* Verrechtlichte Politik und die Dialektik der marxistischen Rechtstheorie, in: Kritische Justiz, 1971, Seite 185–200. Die Konzeption des Rechts als Gegenmacht bei *Monique et Roland Weyl,* La part du droit dans la réalité et dans l'action, 1968, kritisch dazu: *Stephan Baier,* Kampf um »Gegenrecht«, in: Rote Robe, 1971, Seite 122–126. Zum Recht als Gegenmacht gibt es bei uns die Kontroverse zwischen Stuby und Geulen in: *Gerhard Stuby,* Disziplinierung der Wissenschaft, mit einem kritischen Nachwort von *Reiner Geulen,* 1970. Dazu: *Alexander v. Brünneck/Stephan Leibfried,* Kann das Postulat des Klassenkampfes den Verzicht auf sozialistische Rechtstheorie legitimieren? in: Kritische Justiz, 1971, Seite 89–95. Zum Problem der Organisation von Juristen gibt es die Diskussion vor der Gründung der Demokratischen Juristenvereinigung zwischen Ridder und Preuß: *Helmut Ridder,* Verfassungsreformen und gesellschaftliche Aufgaben des Juristen, in: Kritische Justiz, 1971, Seite 371–377; *Ulrich K. Preuß,* Zur Funktion eines Zusammenschlusses gesellschaftskritischer Juristen, in: Kritische Justiz, 1971, Seite 378–383, *Helmut Ridder/Karl-Heinz Ladeur,* Zur Funktion eines Zusammenschlusses gesellschaftskritischer Juristen und von Juristen überhaupt, in: Kritische Justiz, 1972, Seite 16–23. Die Verrechtlichung der Politik behandelt *Jürgen Seifert* in dem schon genannten Aufsatz in der Kritischen Justiz, 1971.

X. Macht und Recht

Neue Anmerkungen zu einem alten Thema

Im Januar 1863, Bismarck war gerade vier Monate im Amt als preußischer Ministerpräsident, gab es im Abgeordnetenhaus in Berlin eine denkwürdige Diskussion über Macht und Recht. Sie war ausgelöst durch den Verfassungskonflikt, der aus der Weigerung des Parlaments entstanden war, dem König die Haushaltsmittel für die vom Kriegsminister Roon als sogenannte »Heeresreform« geplante Aufrüstung zu bewilligen. Die liberale Opposition berief sich auf das verfassungsmäßig garantierte Recht des Parlaments, Bismarck versuchte, einen Kompromiß zugunsten der Regierung zu finden und drohte schließlich, falls das nicht möglich sei, mit folgenden Worten: »Konflikte, da das Staatsleben nicht stillzustehen vermag, werden zu Machtfragen. Wer die Macht in seinen Händen hat, geht dann in seinem Sinne vor.« Es machte einen ungeheuren Eindruck im ganzen Lande, als darauf nicht etwa ein Radikaler des linken Flügels, sondern der eher liberalkonservative ehemalige Innenminister des regierenden Königs, Graf von Schwerin, sich erhob und mit patriotischem Pathos erwiderte: »Deshalb aber eben erkläre ich, daß ich den Satz, in dem die Rede des Herrn Ministerpräsidenten kulminierte: Macht geht vor Recht, sprecht, was ihr wollt, wir haben die Macht und also werden wir unsere Theorie durchführen, nicht für einen Satz halte, der die Dynastie in Preußen auf die Dauer stützen kann ... daß vielmehr der Satz, auf dem die Größe unseres Landes beruht und die Verehrung, die das preußische Regentenhaus bisher im Inland und Ausland genießt und fort und fort genießen wird, ... umgekehrt lautet: Recht geht vor Macht: iustitia fundamentum regnorum.« Bismarck hatte inzwischen den Saal verlassen, kam zurück und versuchte abzuschwächen: Macht geht vor Recht, das habe er nie gesagt. Aber ohne Erfolg, denn als Schwerin darauf erklärte, er habe auch nicht behauptet, »der Herr Ministerpräsident hätte diese Worte gebraucht, sondern seine Rede kulminierte in diesem Satze, und das muß ich leider auch jetzt noch behaupten«, da wußte nicht nur das Abgeordnetenhaus, sondern jeder im Lande, daß er recht hatte und man jubelte ihm zu als Verfechter der guten preußischen Tradition, symbolisiert in der Geschichte des Müllers von Sanssouci und seinem Wink mit dem Berliner Kammergericht.

Macht und Recht, Recht und Herrschaft. Das ist ein altes Thema in Europa, und so eindeutig ist es gewiß nicht, wer von den beiden, Bismarck oder Schwerin, der Wahrheit näher gekommen war. Bismarck hätte sich auf Johannes Agricola berufen können oder Baruch Spinoza und selbst auf Goethes *Faust*, in dem Mephisto sagt: »Man hat Gewalt, so hat man Recht.« Auf der anderen Seite hatte er doch einige Jahre vorher selbst im preußischen Landtag erklärt: »Das Recht ist ein solidarisches Ganzes für alle im Lande, sowohl für die Höchsten wie für die Niedrigsten«, eine uralte Idee, die schon Sophokles mit den Worten ausgedrückt hatte: »Im Recht besiegt ein Schwacher selbst den Mächtigen.« Recht als die Schranke der Macht, die niemand ungestraft übertreten darf, eine Überzeugung, die auch heute noch unserem Verfassungsleben zugrunde liegt.

Wer hat sich nun geirrt: Schwerin oder Bismarck, Sophokles oder Goethe? Nun, man hat sich bis heute darüber nicht einigen können, denn die Erkenntnisse, um die es hier geht, sind wie so oft sehr stark abhängig vom politischen Interesse derjenigen, die sie finden. Man wird sich also auch in Zukunft kaum einigen. Trotzdem soll hier versucht werden, einen kleinen Schritt in der Diskussion voranzukommen, mit mehreren großen Schritten zurück, nämlich in unsere älteste Vergangenheit, in eine Zeit, in der es, wie ich meine, noch kein Recht gegeben hat, um von dort aus die Frage zu beantworten, was sich dann änderte, wie am Beginn seiner Entwicklung das Verhältnis von Recht und Herrschaft beschaffen war und ob das Recht in der Geschichte der Menschheit durchaus das einzige Mittel war, Ordnung in der Gesellschaft zu schaffen.

Man hat darüber bisher kaum nachgedacht. Die Geschichte des Rechts, wie man sie an unseren Universitäten betreibt, beginnt bei den Griechen und Römern, allenfalls noch im alten Mesopotamien oder Ägypten, also in Zeiten, in denen es längst existierte, und über seine Entstehung wurde schon meistens deshalb nicht nachgedacht, weil man sich eine menschliche Gesellschaft ohne Recht gar nicht vorstellen konnte. Dabei liegt seit über hundert Jahren eine Fülle von Material auf den Tischen der Wissenschaft, das auch für Historiker hochinteressant ist. Aus vielen Gründen ist es bis vor kurzem nicht beachtet worden. Erst seit wenigen Jahren hat man, außerhalb Deutschlands, damit begonnen, es auszuwerten. Gemeint sind die vielen ethnologischen Beschreibungen sogenannter primitiver Gesellschaften – ich nenne sie: frühe Gesellschaften – in den Ländern der dritten Welt und in Amerika und Australien, Jäger, Ackerbauern, Hirtenvölker in vielen verschiedenen Formen ihrer gesellschaftlichen Organisation, die ein ideales Feld sind für die Beobachtung der verschiedenen Entwicklungsstufen unserer menschlichen Gesellschaft.

Als ein solches Beobachtungsfeld wurden sie zunächst, am Beginn der Entwicklung der Ethnologie zur Wissenschaft im 19. Jahrhundert, auch durchaus angesehen, beginnend mit dem monumentalen Werk »Ancient Society« von Lewis Henry Morgan. Aber die Ethnologie verwandelte sich schnell in eine Wissenschaft, die ihre Aufgabe nicht darin sah, die Geschichte dieser Gesellschaften zu erforschen, sondern ihr ökonomisches Funktionieren und ihre gesellschaftliche Organisation, um den Regierungen der westlichen Kolonialländer einen Überblick darüber zu verschaffen, wie man sie am besten verwalten und, das war meistens damit verbunden: wirtschaftlich ausbeuten konnte. Mit der Entkolonialisierung ist das anders geworden. Es dauerte noch ein wenig, ein bis zwei Jahrzehnte, und heute beschäftigen sich Ethnologen in England, Frankreich und in den Vereinigten Staaten auch wieder mit Entwicklungsgeschichte, vorsichtiger als Lewis Morgan mit seinen kühnen Konstruktionen, aber im wesentlichen auch auf der Grundlage seiner Forschungen zur Verwandtschaftsstruktur früher Gesellschaften, mit denen er die Ethnologie als Wissenschaft begründet hatte. Es ist eine Verwandtschaftsstruktur, die sich von unserer heutigen grundsätzlich unterscheidet, sich aber auch in der frühen griechischen und römischen Antike findet und noch in anderen Ländern der alten Welt nachweisen läßt. Deshalb ist es gerechtfertigt, aus der gesellschaftlichen Organisation der von den Ethnologen beobachteten frühen Gesellschaften vorsichtige Rückschlüsse zu ziehen auf die Zustände in der Vorantike, von der uns allenfalls archäologische Funde erhalten sind, die nur wenig Auskünfte geben können über die Art und Weise des Lebens der Menschen in unserer Frühgeschichte.

Es geht also zunächst um die Verwandtschaftsstruktur dieser Stammesgesellschaften, die im 19. Jahrhundert von Morgan bei den Irokesen entdeckt wurde, Indianern im Gebiet zwischen New York und Kanada. Im Gegensatz zu unserem ungegliederten sogenannten kognatischen Verwandtschaftssystem, der Blutsverwandtschaft, zählt bei ihnen die Verwandtschaft entweder nur über die Mutter oder nur über den Vater. Man nennt das agnatische Verwandtschaft. Ein Kind in unserem kognatischen System ist zweilinig verwandt sowohl mit der Familie seiner Mutter als auch mit der seines Vaters, im agnatischen System ist es entweder nur mit der Familie der Mutter oder nur der des Vaters verwandt. In unserem kognatischen System breitet sich die Verwandtschaft im Stammbaum von oben nach unten fächerförmig nach allen Seiten aus und geht diffus ins Unübersehbare. Durch die einlinige agnatische Gliederung entstehen dagegen feste Verwandtschaftsgruppen, die man als gens, lineage oder, im großen Zusammenhang, als clan bezeichnet. Innerhalb dieser Gruppen darf man nicht heiraten, und diese sogenannte Exogamie wird regelmäßig ergänzt durch das Inzesttabu. Es sind verhältnismäßig große Gruppen von einigen Dutzend bis zu einigen hundert Menschen.

Lewis Morgan hat nun nicht nur die agnatische Verwandtschaftsordnung beschrieben, sondern, und das war das Wichtige und Bedeutsame an seiner großen Entdeckung, die Identität dieses Verwandtschaftssystems mit der gesellschaftlichen Ordnung. Sie besteht nämlich in ihrer ursprünglichen Form lediglich aus dem Nebeneinander dieser agnatischen Verwandtschaftsgruppen, die als selbständige Segmente der Gesellschaft zwar mit den anderen durch vielfältige Heiratsbeziehungen verbunden, im Grunde aber fest in sich abgeschlossen sind. In ihrem selbständigen Nebeneinander bilden sie gemeinsam einen Stamm, ohne daß weitere gesellschaftliche Institutionen notwendig sind, also Häuptlinge, Stammesversammlungen, Könige oder dergleichen. Das gesellschaftliche Gleichgewicht wird hergestellt lediglich durch die Exogamie der Segmente und die Endogamie des Stammes, also durch die Regel, daß man nur außerhalb der agnatischen Verwandtschaftsgruppe, aber auch nur innerhalb des Stammes heiraten darf.

Solche Gesellschaften sind dann überall in der Welt gefunden worden, in Nord- und Südamerika, in Afrika, in Asien und auf den Inseln der Südsee. Man kennt heute mehrere hundert. In ihrer ursprünglichen Form sind sie akephal, wie man sagt, ein

Wort, das vom griechischen kephalos, der Kopf, abgeleitet ist und mit »kopflos« übersetzt werden könnte. Es finden sich aber auch kephale Häuptlingsgesellschaften oder frühe Königreiche und Übergangsgesellschaften auf dem Wege von der Akephalität zur Kephalität. Die akephalen sind Gesellschaften ohne Staat, ohne Zentralinstanz, ohne Herrschaft, trotzdem sind sie selten ohne jede gesellschaftliche Instanz. Bei den frühen Ackerbau- und Hirtengesellschaften sind es regelmäßig die Ältesten oder Sprecher der agnatischen Verwandtschaftsgruppen, also der lineages, die häufig mit einem Dorf identifiziert werden. Trotzdem ist die lineage keine Gebietseinheit, ebensowenig wie das Dorf. Sie ist personell, segmentär. Nicht das Eigentum am Land gibt den Zugang zu den Produktionsmitteln, sondern die Zugehörigkeit zur lineage, die nicht ein territoriales, sondern ein soziales Gebilde, eine feste Gruppe von Menschen ist. Eigentum verstehen sie weitgehend in den Begriffen von Verwandtschaft. Es ist Kollektiveigentum, besonders am Land. Die Segmente sind in ständiger Veränderung, sie wachsen, teilen sich, neue Segmente entstehen, aber sie stellen sich doch auch wieder dar in einer Stabilität, die jedenfalls zunehmend mit der Konsistenz der Produktionsmittel, immer sehr viel größer ist als die der Horden in Jägergesellschaften. Am geringsten ist sie regelmäßig in Hackbaugesellschaften mit Jagd, am größten in Getreidebau- und Hirtengesellschaften. Je stärker in ihnen Stabilität und Seßhaftigkeit sich ausbilden, desto größer werden auch die Autorität der Älteren und ihre Kompetenzen und desto intensiver wird der Ahnenkult. In vielen dieser Gesellschaften finden sich Vorstellungen von Hexerei und Zauberei, gibt es Dorfkulte und Geisterglauben.

Lewis Morgan hat immer wieder die Freiheit, Gleichheit, Demokratie, Friedlichkeit und Brüderlichkeit dieser segmentären Gesellschaften gerühmt, was sicherlich eine idealisierende Übertreibung ist. Auch bei ihnen gibt es Konflikte, Zwänge, Nöte, Gewalt, Ängste, und gibt es Menschen, denen es besser, und solche, denen es schlechter geht, Starke und Schwache, Mutige und Ängstliche, Ansehnliche und Unansehnliche. In gewisser Weise hat er allerdings doch recht. Es gibt keine institutionalisierte Ungleichheit, es gibt kein Privateigentum und es gibt keine institutionalisierte Macht, also keine Herrschaft. Es sind egalitäre und anarchische Gesellschaften, wobei Anarchie nicht Chaos bedeutet, sondern nur eine gesellschaftliche Ordnung ohne

Herrschaft. Denn auch die lineage- oder Dorfältesten oder die Sprecher der lineages oder eines Dorfes haben keine institutionalisierte Macht. Sie haben eine gewisse Autorität, die auf ihrem Alter oder ihrer Klugheit und Beredsamkeit beruht, können aber niemandem Befehle erteilen, haben keine Zwangsmittel und sind darauf angewiesen, zu überreden, zu überzeugen, zu vermitteln, zu schlichten, und nur manchmal, und durchaus nicht in allen segmentären Gesellschaften, steht ihnen der Glaube an übernatürliche Sanktionen zur Seite, an den Zorn der Ahnen, der Dorfgeister oder an die bösen Folgen einer Verfluchung, die sie gegen jemanden aussprechen, der sich ihnen widersetzt. Wichtigstes Mittel ihres Wirkens sind ihre Klugheit und Beredsamkeit, ihr Ansehen und ihre Überzeugungskraft.

Wenden wir uns nun der Frage des Rechts in diesen anarchischen, segmentären Gesellschaften zu, wobei ich das Wort Recht hier erst einmal in Anführungszeichen setze. Gibt es »Recht«? Nun, selbstverständlich gibt es Regeln, Konflikte wegen Bruchs der Regeln und, hier wird es schon ein wenig heikler, Regeln zur Lösung solcher Konflikte. Es gibt Regeln für die Zugehörigkeit zur lineage, für die Leistung von Heiratsgut, für Exogamie, Sexualtabus, Regeln für die Wiedergutmachung bei Tötungen und die Verfolgung von Zauberei. Die meisten Konflikte entstehen aus Streitigkeiten um Frauen oder Heiratsgut. Es gibt keine Eigentumsdelikte und Vertrauensverletzungen, denn es gibt kaum Privateigentum und keine Verträge wie bei uns. Und: Es gibt keine Gerichte.

Es gibt ja auch keine Zentralinstanz, die die Rechtsprechung in die Hand nehmen könnte. Es gibt nur die Segmente der Gesellschaft, die lineages und Dörfer mit ihren Sprechern und Ältesten. Dementsprechend werden auch die Konflikte gelöst, nämlich durch Verhandlungen, Schlichtung oder, wenn das nicht gelingt, gar nicht oder in gewalttätiger Auseinandersetzung. Feste Regeln gibt es hier kaum. Es ist alles eine Frage der Verhandlung, eines langen geduldigen Palavers, in dem man dann schließlich und endlich irgendwann einmal zu einer Einigung der Parteien kommt. Die Lösung ist abhängig davon, wie die lineages des Verletzten und des Verletzers zueinander stehen, ob es gute Beziehungen zwischen ihnen gab oder schlechte oder gar keine, wie weit sie räumlich voneinander leben und wie stark der Rückhalt ist, den die beiden Streitenden in ihnen jeweils haben.

Bei den Nuer, einem Hirtenvolk im südlichen Sudan, gibt es ein nicht untypisches Verfahren für die Beilegung von Streitigkeiten wegen Tötung. Ihre lineage-Struktur ist zwar sehr stark ausgeprägt, aber ihr stark egalitäres Bewußtsein hat es wohl verhindert, daß sich bei ihnen auch überhaupt nur Älteste einer lineage oder Sprecher heranbildeten, die bestimmte Funktionen übernehmen konnten. Stattdessen gibt es in einzelnen Landstrichen, die mehr oder weniger fest abgegrenzt sind, einen Mann, der sich von allen anderen, die ohne Kleidung leben, dadurch unterscheidet, daß er ein Leopardenfell trägt. Er wird von ihnen kuaar twac genannt, was man zunächst mit Leopardenfellhäuptling, später mit Leopardenfellpriester übersetzt hat, was der Sache sicherlich sehr viel näher kommt, ihn vielleicht sogar richtig bezeichnet. Seine wichtigste Aufgabe ist die Beilegung von Blutfehden. Dabei hat er keinerlei Macht, kann keine Befehle erteilen, sich auch nicht auf übernatürliche Kräfte irgendwelcher Geister berufen, sondern ist letztlich einzig und allein auf eine unverbindliche Vermittlerrolle beschränkt. Seine Empfehlungen haben ihr Gewicht nur durch den guten Willen der beiden beteiligten Parteien zur friedlichen Beilegung des Streites und durch das persönliche Verhandlungsgeschick, das er dabei zeigt. Der englische Ethnologe Evans-Pritchard, der diese Gesellschaft seit den dreißiger Jahren erforscht und beschrieben hat, meinte, diese Leopardenfellmänner seien von den egalitären Nuer auch ganz bewußt machtlos gestellt. Über diese Äußerungen ist es in der letzten Zeit zu einer ausgedehnten Kontroverse gekommen, letztlich eine Diskussion über die Frage der Macht in einer egalitären Gesellschaft. Das Ergebnis war, daß Evans-Pritchard recht behalten hat. Man ist heute allgemein der Meinung, daß die Nuer tatsächlich egalitär, eine geordnete Anarchie gewesen sind, daß es aber in Zeiten besonderer Bedrängnis Ausnahmen gegeben hat, Führerfiguren, die vorübergehend bei Seuchen oder äußerer Bedrohung z. B. durch arabische Sklavenhändler oder europäische Kolonialtruppen aufgetreten sind.

Wenn ein Nuer einen anderen getötet hat, dann begibt er sich so schnell wie möglich zu der Hütte eines solchen kuaar twac, schon deshalb, weil der Geist des Erschlagenen ihm Angst macht, den man nur dadurch besänftigen kann, daß man mit einem solchen Priester ihm ein Tieropfer bringt, das mit dem Blut desjenigen vermischt wird, der getötet hat. Dort, in der Hütte dieses

Leopardenfellmannes bleibt er nun die nächste Zeit, bis die Sache beigelegt ist. Die Verwandten des Erschlagenen erscheinen, lagern drumherum, denn sie dürfen die Hütte nicht betreten, achten aber darauf, daß er sie nicht verläßt. Seine Verwandten erscheinen, um ihm beizustehen und die Verhandlung zu führen. Der Leopardenfellmann wartet einige Tage, bis die erste Erregung sich gelegt hat. Vorsichtig nimmt er dann die Verhandlungen auf, die sehr lange dauern und leicht von Feindseligkeiten unterbrochen werden können, denn es geht nicht nur um die Besänftigung von Emotionen, sondern um handfeste Ausgleichsleistungen, die bei ihnen damals vierzig bis fünfzig Rinder betrugen, über die lange gefeilscht wird, indem man über alles redet, was zwischen den Parteien vorgefallen ist, die Person des Erschlagenen und den, der ihn getötet hat, was sie früher getan und welches Leben sie geführt haben, die Motive der Tat, bis es schließlich zu einer Einigung kommt oder zu neuem Ausbruch offener Feindseligkeiten. Je größer die Furcht davor ist, und sie ist regelmäßig groß, um so besser sind die Aussichten für den kuaar twac, zu einem Konsens zu kommen. Soviel zunächst zur Frage des Rechts, in Anführungsstrichen, in segmentären Gesellschaften.

Irgendwann, in Störung ihrer egalitären Ordnung, kann in ihnen institutionalisierte Macht, Herrschaft, entstehen, entwickeln sich Häuptlingsgesellschaften in vielerlei Gestalt, mit sehr schwacher und zunächst stark personalisierter Macht des Häuptlings bis zur Erblichkeit des Amtes, frühe Königreiche mit despotischer Zentralgewalt, aus vielen Gründen, die bis jetzt noch nicht ausreichend erforscht sind, von denen man inzwischen einige kennt und in der nächsten Zeit noch mehr erkennen wird. Viele Antworten sind ja seit dem Altertum auf die Frage gegeben worden, wie Herrschaft und Staat entstehen, Generationen von Philosophen, Historikern und Anthropologen haben sich mit ihr beschäftigt, und es hat sich gezeigt, daß gerade diejenigen Antworten, die in der allgemeinen Überzeugung sich am stärksten durchgesetzt haben, wohl kaum zutreffen können, wie z. B., daß sich die Notwendigkeit einer herrschaftlichen Zentralinstanz ganz einfach aus dem Wachstum der Bevölkerung ergäbe, aus dem Krieg, aus dem Entstehen von Privateigentum oder der Notwendigkeit einer zentralen Organisation etwa der Bewässerung. Meistens ist es umgekehrt gewesen, sind diese Faktoren gerade Folgen und nicht die Ursachen der Entstehung von

Herrschaft in frühen Gesellschaften. Wie auch immer. Jedenfalls wird die segmentäre Lineage-Struktur der Gesellschaft dadurch meistens allmählich aufgelöst, der einzelne mehr und mehr aus seiner Bindung in feste Verwandtschaftsgruppen herausgehoben und direkt der Zentralgewalt unterstellt, die sehr schnell auch die Schlichtungsfunktion der lineages ablöst und selbst die Friedenssicherung übernimmt, zunächst nur für einige wenige Delikte, oft nur bei Tötungen, dann aber zunehmend alle anderen Lebensbereiche erfaßt und schließlich auch in dem Bereich richterlich tätig wird, den wir heute als Privatrecht bezeichnen. Es entstehen Gerichte, Häuptlingsgerichte, oft noch verbunden mit dem Stammesrat, oder auch Gerichte am Hof eines Königs. Gerichte, die dann, wenn sie fest ausgebildet sind, zunächst außerordentlich harte und oft grausame Urteile aussprechen, in einer Grausamkeit, die weitaus schlimmer ist als die Unsicherheit und Angst in segmentären und anarchischen Gesellschaften. Regelmäßig ist die Tätigkeit dieser Gerichte auch verbunden mit hohen Abgaben der Beteiligten, eine lohnende und wichtige Einnahmequelle des Gerichtsherrn. Bußleistungen gehen nun nicht mehr an den Geschädigten, sondern an die Zentralinstanz, der schlichtende Ausgleich wird zur bloßen Strafe, die häufig nur ausgesprochen wird, um Einnahmen zu erzielen. Typisches Kennzeichen dieser Gerichte ist, daß sie den Bereich ihrer Tätigkeit ständig ausweiten, ein Vorgang, der sich sowohl in der Antike als auch in den von den Ethnologen beschriebenen kephalen Gesellschaften mit Zentralinstanz beobachten läßt, und zwar auf Kosten der alten segmentären Verwandtschaftsgruppen. Das bekannteste Beispiel aus der Antike ist die Einführung der Popularanklage durch Solon in Athen im 6. Jahrhundert vor Christus, also die Einführung der Möglichkeit, daß jedermann, nicht mehr nur die Gentilältesten, vor Gericht Klage erheben kann, womit Solon die alten Geschlechter entscheidend getroffen und endgültig ihre verfassungsrechtliche Zerschlagung eingeleitet hat. Dadurch entstand eine Rechtsordnung, die schon größere Ähnlichkeit mit unserer hatte, eine Ordnung, in der nicht mehr eine gewisse Zahl von Verwandtschaftssegmenten nebeneinander existiert, sondern eine große Zahl von Individuen, die direkt einer Zentralgewalt unterworfen sind, mit allgemeinen Gesetzen und Gerichten, deren Urteile mit staatlicher Zwangsgewalt durchgesetzt werden.

Vergleicht man diese neue mit der alten Ordnung, dann ergeben sich entscheidende Unterschiede, nicht nur im Hinblick auf die politische Struktur, sondern auch im Charakter ihres Regelwerks, ihrer Regeln und Regelungsmechanismen. Vieles ist gleich geblieben. »Du sollst nicht töten« bleibt: »Du sollst nicht töten«. Aber der äußere Eindruck täuscht.

War eine Tötung nämlich früher eine private Verletzung, begangen an der Familie des Erschlagenen, die nun Ersatz fordern konnte für den Verlust an Lebens- und Arbeitskraft, so wurde sie jetzt ein öffentliches Verbrechen, mit einem Anspruch des Staates auf Strafe für die Störung der öffentlichen Ordnung, und die Familie des Getöteten ging leer aus. In der alten Ordnung wurde die Lösung des Konflikts erreicht durch Verhandlung unter Gleichen, herrschaftsfrei, durch Konsens. In der neuen Ordnung ergeht nach Anhörung der Parteien und von Zeugen eine einseitige Entscheidung, gestützt auf die Herrschaft der Zentralinstanz, und zwar durch Institutionen, in der Regel Gerichte, die keine andere Funktion in der Gesellschaft haben und in ihrer arbeitsteiligen Spezialisierung stark aus der übrigen Sozialstruktur ausgegliedert sind, während eine solche Ausdifferenzierung der Menschen, die vorher den Konflikt lösten, undenkbar war. Mit anderen Worten: Die alte Ordnung hatte selbstregulierenden Charakter, in der neuen entsteht ein Herrschaftsinstrument, das auch Steuerungsfunktionen für den Ablauf des gesamten gesellschaftlichen Geschehens übernimmt. Das bedeutet: Die Lösungen von Konflikten der alten Ordnung hatten allein ausgleichenden Charakter. Alles blieb beim alten. Die Gesellschaft veränderte sich durch die getroffenen Einigungen in keiner Weise, blieb, was sie war: statisch. Mit einseitigen Entscheidungen von Gerichten läßt sich leicht das Gegenteil erreichen, und schnell wird das auch eine ihrer Aufgaben: nicht in jedem Fall, aber von Zeit zu Zeit steuernd einzugreifen und überholte Gewohnheiten für erledigt zu erklären. Die Gesellschaft kann sich verändern, wird progressiv. Dem entspricht der kollektive Charakter der alten Ordnung, mit der Einbindung des einzelnen in die Verwandtschaftsstruktur, ohne deren Solidarität, und das beruht immer auf Gegenseitigkeit, er schutzlos ist, besonders im Konfliktfall, während die Unterstützung durch die Gruppe in der neuen Ordnung weder notwendig noch möglich ist. Die neue Ordnung ist individualistisch.

Die alte Ordnung war konkret persönlich, die neue wird

abstrakt sachlich. Was heißt das? Nun, in segmentären Gesellschaften ist es unmöglich, sich eine Handlung getrennt von einer Person vorzustellen, Tat und Täter lassen sich nicht trennen. Die Trennung von Person und Handlung wird das Kennzeichen der neuen Ordnung, die dann stolz darauf ist, ohne Ansehen der Person zu entscheiden: Justitia erhält eine Binde vor die Augen, was nicht unbedingt nur ein Vorzug sein muß. Sehr deutlich wird dieser Unterschied an Beschwerden in afrikanischen Justizkreisen der neueren Zeit, von denen die englische Anthropologin Elizabeth Colson 1974 in ihrem Buch »Tradition and Contract« berichtet. Aus den Ministerien der jungen afrikanischen Staaten gehen immer wieder Beschwerden an die unteren erstinstanzlichen Gerichte, die sich von der alten Ordnung nur schwer trennen können und stunden- und manchmal tagelang die persönlichen Verhältnisse der streitenden Parteien besprechen. Das alte Palaver. So geht es nicht, wird ihnen von oben gesagt. Das dauert viel zu lange, ist ineffektiv und hat mit der Sache, über die ihr entscheiden sollt, überhaupt nichts zu tun. Wenn ihr so persönlich entscheidet, heißt das auch, daß ihr nicht nach dem Gesetz urteilt, daß ihr also letztlich das Recht von unten her selbst schöpft, statt es von oben her zu akzeptieren, wie es eure Pflicht ist. Dem entspricht das, was Evans-Pritchard in seinem Buch über die Nuer einmal die strukturale Relativität der alten Ordnung genannt hat: Konfliktlösungen sind stark abhängig von den Beziehungen, auch vom räumlichen Verhältnis der beteiligten Gruppen, während die neue Ordnung einheitliche Entscheidungen anstrebt über das ganze Land hinweg.

Schließlich, die alten Konfliktlösungen sind kompensatorisch und kompromißhaft, schaffen einen Ausgleich und befriedigen beide Parteien, ohne dabei klar berechenbar zu sein, während die Entscheidungen der neuen Ordnung oft nur strafend und rational sind, mit berechenbarem Ergebnis, aber häufig ohne Kompromißmöglichkeit und Ausgleich, der Frieden schafft für die Zukunft. Die Frage der Gewalt, die in diesem Zusammenhang oft erörtert wird, lasse ich hier einmal beiseite. Sie ist grundsätzlich in beiden Gesellschaftsformen vorhanden, in der alten ungeordnet, anarchisch, in der neuen geordnet, mit dem Zwangsmonopol der Zentralgewalt.

Die Unterschiede sind also fundamental. Die neue Ordnung funktioniert in einer völlig anderen Weise als die alte. Ihr

Regelwerk hat einen durchaus anderen Charakter als das der früheren. Das Recht der neuen Ordnung kann mit den alten Regeln unmöglich gleichgesetzt werden. Deshalb ist es notwendig, auch begrifflich zu unterscheiden. Angelsächsische Anthropologen nennen es den Unterschied von law und custom, was man am besten mit Recht und Gewohnheit übersetzt. Es gibt Gewohnheitsgesellschaften und Rechtsgesellschaften. Recht und Ordnung, law and order, sind begrifflich nicht identisch. Im Gegenteil. Recht zerstört zunächst die alte Ordnung, ist ein Herrschaftsinstrument, ist Überlagerung, Absorption und Zerstörung von Gewohnheit durch zentrale Herrschaft, die es zunehmend und bewußt als Instrumentarium einsetzt, zum Aufbau einer neuen Ordnung. Macht und Recht sind historisch gesehen identisch.

Insofern, um auf den Anfang der Betrachtung zurückzukommen, insofern hatte Otto von Bismarck nur eine alte Wahrheit ausgesprochen. Recht entsteht mit der Entstehung von Herrschaft, ist nicht das Gegenteil, sondern das Instrument der Macht, und, um ihn noch einmal zu zitieren, »Wer die Macht in seinen Händen hat, geht dann in seinem Sinne vor.« Aber, das muß man wohl ergänzen: Es hat sich inzwischen einiges geändert. Nicht alles, aber einiges. Rechtsverhältnisse, hat Gustav Radbruch einmal gesagt, sind in Rechtsform übersetzte soziale Machtverhältnisse. Und die sozialen Machtverhältnisse waren auch schon zu Bismarcks Zeiten nicht mehr so, daß derjenige, der die Staatsgewalt in den Händen hatte, nach Belieben damit verfahren konnte. Und insofern hat auch der Graf Schwerin wieder recht gehabt. Wenn man seine Übersetzung »Recht geht vor Macht« einmal beiseite läßt, trifft er sich im lateinischen Wortlaut iustitia fundamentum regnorum im übrigen wieder mit Bismarck. Wörtlich übersetzt lautet es nämlich: Recht ist die Grundlage von Macht. Der Berliner Ethnologe Richard Thurnwald schreibt dazu 1934 in seinem Buch »Werden, Wandel und Gestaltung des Rechts«, gerade auch im Hinblick auf die Entstehung von Recht in frühen kephalen Gesellschaften:

»Günstig für die Ausgestaltung des Rechtslebens waren die Despotien mit ihrer individuellen desintegrierten Bevölkerung und dem entwickelten Binnenhandel.« (S. 3 f.),

»Die Rechtsentwicklung stellt einen großartigen Akt der Selbstdomestikation, der wachsenden Vergesellschaftung des Menschengeschlechts dar.

Sie geht daher mit dem Wachstum politischer Gemeinschaften Hand in Hand. Die Überschichtung und das Entstehen starker Autoritäten im adligen Häuptling, im heiligen Fürsten und im rationalistischen Despoten enthielten eine mächtige Förderung der Rechtsentwicklung.« (S. 15) und schließlich

»In der Tat konnte man sagen: Iustitia fundamentum regni. Darin lag die Stärke dieser Herrschaften, es war die Funktion, die sie zivilisatorisch erfüllten. Hinter der ›iustitia‹ steckte natürlich die Abneigung gegen alle Art ethnischer Gruppierung, welche mehr und mehr durch die sozial geschichtete und nur durch des Despoten oder Tyrannen anerkannte Staffelung verdrängt wurde.« (S. 9).

So kann man es auch sehen. Wenn man statt »Selbstdomestikation« die Worte Unterdrückung durch Herrschaft setzt und statt »Überschichtung« Entstehung von Klassengesellschaften, dann wird der Text auch für diejenigen akzeptabel, die das Ganze nicht so »großartig« finden. Es sind eben immer nur Nuancen der Interpretation. Vielleicht würde sogar Richard Thurnwald zustimmen, wenn man sein iustitia fundamentum regni (oder regnorum, was das gleiche bedeutet) ersetzte durch: iustitia instrumentum regnorum. Recht ist ein Herrschaftsinstrument. Es steht am Beginn der Entstehung von Herrschaft und hat die Funktion der Freisetzung des einzelnen aus dem segmentären Verband der agnatischen Verwandtschaft. Diese Freisetzung ist ein historischer Prozeß, den Henry Maine beschrieben hat als die Entwicklung vom Status zum Vertrag, vom Status in der Verwandtschaftsgruppe zum Vertrag, mit dem das Individuum dann zunehmend sein eigenes Leben gestaltet. Recht bedeutet Vereinzelung, Auflösung von Solidarität, unmittelbaren Zugriff des Herrschaftsapparates auf den einzelnen. Das ist nicht nur eine qualitative Veränderung, sondern auch der Beginn eines quantitativen Prozesses, der als ständige Ausbreitung von Recht die Ausweitung von Herrschaft begleitet. Immer mehr Lebensbereiche, die bisher vom Recht noch nicht erfaßt waren, werden verrechtlicht. Damit weitet sich auch der Bereich des Vertrages aus. Es entstehen neue Verträge, die immer stärker das tägliche Leben bestimmen. Am bisherigen Ende dieses Prozesses steht die fast totale Verrechtlichung der gesamten Gesellschaft, die totale Entsolidarisierung, in der bürgerlichen Gesellschaft. Damit sind ohne Zweifel viele positive Entwicklungen verbunden, die Entstehung geistiger Individualität und der bürgerlichen Freiheitsrechte, aber gerade die frühen Gesellschaften zeigen uns, daß dies nicht unbedingt mit mehr Menschlichkeit verbunden sein muß. Sie zeigen zumindest auch, daß die Verrechtlichung von Gesellschaften nicht die einzige Möglichkeit zur Aufrechterhaltung von Ordnung sein muß. Es gibt Alternativen zum Recht, die durchaus ihre eigene Qualität haben. Ob sie nutzbar gemacht werden können, ohne daß geistige Individualität und individuelle Freiheit beseitigt werden, das muß einer künftigen Diskussion überlassen bleiben. Sie wird von einigen Juristen in der Kriminologie schon seit kurzem geführt. Das Unbehagen am Strafen und an unserem bisherigen Strafrecht ist groß geworden in der letzten Zeit, und langsam wächst die Überzeugung, daß es mit einer freiheitlichen Grundordnung und der Würde des Menschen nur schwer zu vereinbaren ist. Vielleicht können wir doch noch einiges von den Alten lernen. Es wäre nicht das erste Mal. Auch unsere bürgerliche Ordnung ist politisch durchgesetzt worden in bewußter Anlehnung an das Beispiel der antiken Demokratie und obwohl es manche Unterschiede gab.

Literatur

Die Rede Bismarcks vom 27. Januar 1863 findet sich in: *Bismarck,* Die gesammelten Werke, Reden, 10. Band (1847 bis 1869), bearbeitet von W. Schüßler, 1928, S. 151–157. Zur Kontroverse mit v. Schwerin und zu der dahinter stehenden Verfassungsfrage (»Lückentheorie«): *Ernst Rudolf Huber,* Deutsche Verfassungsgeschichte seit 1789, Band 3, Bismarck und das Reich, 2. Aufl. 1963, §§ 21–23. Zum »Recht« in frühen Gesellschaften: *E. Adamson Hoebel,* The Law of Primitive Man, 1954, deutsch: Das Recht der Naturvölker, 1968; *Simon Roberts,* Order and Dispute. An Introduction to Legal Anthropology, 1979; *Gerd Spittler,* Streitregelung im Schatten des Leviathan. Eine Darstellung und Kritik rechtsethnologischer Untersuchungen, in: Zeitschrift für Rechtssoziologie 1980, S. 4–32; *Uwe Wesel,* Zur Entstehung von Recht in frühen Gesellschaften, in: Kritische Justiz 1979, S. 233–252. Das angeführte Beispiel für die Konfliktlösung bei den Nuer findet sich bei: *E. E. Evans-Pritchard,* The Nuer, 1940, S. 152–155. Zur anschließenden Kontroverse um die Macht des kuaar twac: *Christian Sigrist,* Regulierte Anarchie, 1967, Neudruck 1979, S. 136–142, und *Lucy Mair,* African Societies, 1974, S. 134–136.

Nachweise

»hM«, 2. Kapitel, ist erschienen im »Kursbuch« Nr. 61, 1979, S. 88–109
»Das Gericht und die Krise«, 3. Kapitel, ist erschienen im »Leviathan« 1975, Heft 1, S. 1–14
»Treuepflicht in beiden deutschen Staaten«, 4. Kapitel, ist erschienen in »Berliner Hefte« 1977, Heft 2, S. 3–5
»Ein Artikel im Kursbuch und ein ganz normales Berufsverbot«, 5. Kapitel, ist erschienen im »Kursbuch« Nr. 52, 1978, S. 186–188
»Der eine hat die Mühe, der andere die Brühe . . .«, 9. Kapitel, ist unter dem Titel »Vom Wirken des Juristen auf die Gesellschaft« erschienen im »Kursbuch« Nr. 40, 1975, S. 77–100
Die übrigen Beiträge sind hier zuerst gedruckt.

Personen- und Sachverzeichnis

Literalität in traditionalen Gesellschaften

Herausgegeben von Jack Goody
500 Seiten

Vergegenwärtigt man sich die Bedeutung der Schrift in den vergangenen fünftausend Jahren und die tiefgreifenden Folgen, die sie für das Leben jedes einzelnen hat, so ist der Weise, in der sie das soziale Leben der Menschen beeinflußt, erstaunlich wenig Aufmerksamkeit gewidmet worden. Untersuchungen über die Schrift sind gewöhnlich historische Darstellungen der Entwicklung der Schriftarten, und Literaturwissenschaftler beschäftigen sich eher mit dem Inhalt als mit den Implikationen kommunikativer Akte.
Dank der Schrift kann der Bereich menschlichen Verkehrs – zeitlich wie räumlich – erheblich erweitert werden. Die Möglichkeiten dieses Instrumentes der Kommunikation verändern die Skala menschlicher Aktivität – politischer, ökonomischer, rechtlicher wie religiöser.
Diese von Jack Goody herausgegebene Sammlung von Abhandlungen ist aus einem Interesse an Kommunikationsformen und deren Einfluß auf den menschlichen Verkehr entstanden. In erster Linie konzentriert sich dieses Interesse an der »Technologie des Intellekts« auf die Folgen der Literalität – der Fähigkeit zu lesen und zu schreiben – für die menschliche Kultur, insbesondere in traditionalen oder präindustriellen Gesellschaften.

INHALT

Norbert Elias
Über den Prozeß der Zivilisation

Soziogenetische und psychogenetische Untersuchungen

Erster Band: Wandlungen des Verhaltens in den weltlichen Oberschichten des Abendlandes
stw 158. 350 Seiten

Zweiter Band: Wandlungen der Gesellschaft. Entwurf zu einer Theorie der Zivilisation
stw 159. 508 Seiten

Die Soziologie des 20. Jahrhunderts konzentriert sich vor allem auf Zustände. Die langfristigen Transformationen der Gesellschaft und Persönlichkeitsstrukturen hat sie weitgehend aus den Augen verloren. Im Werk von Norbert Elias bilden diese langfristigen Prozesse das zentrale Interesse: Wie ging eigentlich die »Zivilisation« im Abendlande vor sich? Worin bestand sie? Und welches waren ihre Antriebe, ihre Ursachen oder Motoren?
Bei Elias' Arbeit handelt es sich weder um eine Untersuchung über eine »Evolution« im Sinne des 19. Jahrhunderts noch um eine Untersuchung über einen unspezifischen »sozialen Wandel« im Sinne des 20.; seine Arbeit ist grundlegend für eine undogmatische, empirisch fundierte soziologische Theorie der sozialen Prozesse im allgemeinen und der sozialen Entwicklung im besonderen.

Materialien zu Norbert Elias' Zivilisationstheorie

Herausgegeben von Peter Gleichmann, Johan Goudsblom und Hermann Korte
stw 233. 448 Seiten

Dieser Materialienband möchte zur Verbreiterung und Intensivierung der Auseinandersetzung mit dem soziologischen Arbeitsprogramm von Norbert Elias beitragen.
Die in ihm enthaltenen Beiträge zeigen u. a., daß für die Untersuchung langfristiger gesellschaftlicher Entwicklungen und die Struktur ungeplanter Prozesse in der Zivilisationstheorie von Norbert Elias eine fruchtbare Ausgangsposition vorliegt.

Hans Blumenberg
Die Legitimität der Neuzeit

Erweiterte Neuausgabe. Drei Bände in Kassette.
Band 1: Säkularisierung und Selbstbehauptung, stw 79.
Band 2: Der Prozeß der theoretischen Neugierde, stw 24.
Band 3: Aspekte der Epochenschwelle, stw 174

Die Bände dieser Kassette versammeln Blumenbergs Arbeiten zur Herkunft und Konstitution des Zeitalters, das sich zur ›Neuzeit‹ erklärte. Die in den Jahren 1973–76 zunächst getrennt wieder vorgelegten Teile der 1966 erschienenen »Legitimität der Neuzeit« sind in dieser durchgehend erneuerten und erweiterten Ausgabe zusammengefaßt. Sie dokumentiert damit zugleich den Stand des in einem Jahrzehnt unter Widerspruch und Zustimmung weiter vorangetriebenen Versuchs zu einer phänomenologischen Historik, die erfassen will, in welchen Prozeßformen und -intensitäten, in welchen Grundmustern von Rationalität Geschichte sich formiert.
Unter der übergreifenden Fragestellung nach der ›Legitimität‹ analysieren die einzelnen Teile in sich geschlossene Themenkomplexe zur Konstitution der Neuzeit anhand einer Kritik des Grundbegriffs der ›Säkularisierung‹, mit dem sich das Selbstverständnis der Moderne sowohl freisetzen als auch seiner rückwärtigen Bindungen versichern wollte, wird nach den Bedingungen für die Herauslösung einer Epoche aus ihren Vorgegebenheiten gefragt. Es ist, für das Verhältnis von Mittelalter und Neuzeit, der Prozeß der humanen Selbstbehauptung gegen einen theologischen Absolutismus *(»Säkularisierung und Selbstbehauptung«)*. In diesen Vorgang gibt einen detaillierten Einblick die Darstellung des Wertungswandels der theoretisch-wissenschaftlichen Neugierde. Der Rahmen ist dabei weit gespannt, von der Antike bis zur Psychoanalyse, von Sokrates bis zu Feuerbach und Freud *(»Der Prozeß der theoretischen Neugierde«)*. Der letzte Teil verschärft noch einmal den Zugriff auf die Logik des Epochenwandels durch die Wahl des Doppelaspekts der Systeme von Welt- und Menschenansicht des Nikolaus von Cues und des Giordano Bruno: die Sorge um das Vergehende und der Triumph über das Anbrechende entfalten ihre elementare Differenz

auf dem Boden der noch gemeinsamen metaphysischen Großfragen (*»Aspekte der Epochenschwelle«*). Das Ganze des Werks sucht die sich formierende Neuzeit aus den Antrieben zu erfassen, die aus dem Zusammenbruch des Mittelalters herkamen und zu einem seinen Erwartungen strikt entgegengesetzten Konzept führten. Das obligate Thema des Gesamtwerks ist das Verhältnis von Vernunft und Geschichte. Nachdem die europäische Aufklärung wiederholt überrascht und betroffen vor dem Scheitern ihrer vermeintlich letzten Anstrengungen gestanden hat, muß sie sich statt der Zuflucht in sanfte und unsanfte Romantizismen die Analyse ihrer offenen und heimlichen Voraussetzungen, also Aufklärung über die Aufklärung, verschaffen. Seit Kant wissen wir – um es immer wieder zu vergessen –, daß die Kritik der Vernunft nicht nur eine *durch* Vernunft, sondern auch eine *an* der Vernunft ist und bleiben wird.

Alphabetisches Verzeichnis der suhrkamp taschenbücher wissenschaft